As regras não se aplicam

Ariel Levy

As regras não se aplicam

Tradução: Natalie Gerhardt

GLOBOLIVROS

Texto fixado conforme as regras do Acordo Ortográfico da Língua Portuguesa
(Decreto Legislativo nº 54, de 1995).

Título original: *The rules do not apply*

Editora responsável: Amanda Orlando
Editora assistente: Elisa Martins
Preparação de texto: Isabela Sampaio
Revisão: Alyne Azuma, Adriane Gozzo e Milena Martins
Diagramação: Gisele Baptista de Oliveira
Capa: Charlotte Stroomer

1ª edição, 2018

CIP-BRASIL. CATALOGAÇÃO-NA-FONTE
SINDICATO NACIONAL DOS EDITORES DE LIVROS, RJ

L65r
Levy, Ariel
As regras não se aplicam / Ariel Levy ; tradução Natalie Gerhardt. -
1. ed. - Rio de Janeiro : Globo, 2018.

Tradução de: The rules do not apply
ISBN 978-85-250-5935-2

1. Levy, Ariel. 2. Feminismo. 3. Jornalistas - Estados Unidos - Biografia. I. Gerhardt, Natalie. II. Título.

17-42947 CDD: 818
CDU: 821.111(73)-94

Direitos de edição em língua portuguesa para o Brasil
adquiridos por Editora Globo S. A.
Rua Marquês de Pombal, 25
20230-240 — Rio de Janeiro-RJ
www.globolivros.com.br

Para

AEN & EJJS

Prefácio

Você costuma falar sozinho? Faço isso o tempo todo. *Nós* fazemos isso, devo dizer, porque é assim que acontece na minha mente. Quando estou seguindo um mapa, por exemplo: *vamos virar à direita na Vicolo del Leopardo, passar pelo bar com os azulejos de mosaico e, depois, saberemos onde estamos.* É um hábito antigo: *vamos olhar a professora nos olhos e dizer que isso não é justo.* Meu eu competente é o que fala; meu eu confuso é o interlocutor. *Vamos até o telefone agora e vamos pedir ajuda com uma das mãos enquanto a outra segura o bebê.*

Pela primeira vez que eu me lembre, não consigo localizar meu eu competente — mais uma pessoa desaparecida. Nos últimos meses, perdi meu filho, minha esposa e minha casa. Todas as manhãs acordo e, por alguns segundos, fico desorientada, confusa sobre por que sinto o pesar infiltrando-se no meu corpo e, então, eu me lembro do que se tornou a minha vida. Sou tomada pelos sentimentos em momentos estranhos e, então, vejo-me agarrando a bancada da cozinha, a barra do metrô, o corpo de um amigo, para não desabar. E não estou falando no sentido figurado. Minha tristeza é tão intensa que muitas vezes sinto como se fosse me esmagar.

É tudo tão excessivo. Será que estou em uma ópera italiana? Em uma tragédia grega? Ou será que é apenas uma *sitcom* estranhamente sombria? Algumas semanas atrás, meus vizinhos vieram à minha casa em Shelter Island; queriam conhecer o bebê. Ele morreu, tive que dizer a eles. Eu me sinto mal, porque o que se diz ao ouvir uma coisa dessas? Eles disseram: "Sentimos muito". Eles disseram: "O verão está chegando, e você poderá trabalhar no seu lindo jardim". Não exatamente, expliquei. Temos que vender a casa. Estou aqui para empacotar tudo. (Eu sei: coitadas daquelas pessoas.) Ficaram em silêncio enquanto procuravam algo seguro para dizer e então perguntaram onde estava minha esposa. Não tive coragem de responder.

Acontece que, naquele dia, eu estava ainda mais zangada do que o usual com a pessoa com quem vivi por uma década, que havia dito que a chave do nosso Jeep estaria esperando por mim colada embaixo do carro, perto do pneu do lado do motorista. O carro estava em Greenport, Nova York, do outro lado de Peconic Bay a partir da nossa casa, em um estacionamento no qual sempre o deixávamos quando viajávamos porque é ali que o ônibus para. Peguei carona da cidade até lá com alguns amigos debaixo de uma tempestade, mas nenhum de nós conseguiu encontrar a chave. Fiquei agachada enquanto a chuva caía com força nas minhas pernas, o cheiro de asfalto molhado emergindo em volta de mim, e olhei embaixo do Jeep em busca de algo que não estava lá.

Até pouco tempo atrás, eu vivia em um mundo no qual coisas perdidas sempre podiam ser substituídas. Mas agora ficou extremamente claro para mim que qualquer coisa que você considere sua por direito pode desaparecer, e não há absolutamente nada que você possa fazer a esse respeito. O futuro que eu acreditava estar criando meticulosamente havia anos desapareceu e, com ele, foram-se as minhas ideias do tipo de vida que achei que teria.

As pessoas me dizem desde criança que sou ardorosa demais, forte demais, *demais*. Achei que eu havia aproveitado o poder da minha própria força, ambição e amor em uma vida que pudesse contê-los. Mas tudo explodiu.

Parte Um

Capítulo 1

Minha brincadeira favorita na infância era "A Múmia e o Explorador". Meu pai e eu alternávamos os papéis: um de nós precisava deitar e ficar imóvel, olhos fechados e braços cruzados sobre o peito, e o outro tinha que reclamar: "Estou pesquisando essas pirâmides há tantos anos, quando é que vou encontrar o túmulo de Tutancâmon?". (Isso foi no fim dos anos 1970, quando Tutancâmon estava no Metropolitan Museum, e nós saíamos dos bairros residenciais para visitá-lo com frequência.) No clímax da brincadeira, o explorador tropeça no faraó embalsamado, e — preparem-se — a múmia abre os olhos e ressuscita. O explorador deve demonstrar choque e depois perguntar:

— Então, o que há de novo?

E a múmia responde:

— *Você.*

Eu não gostava muito de brincar de casinha. Preferia o faz de conta que envolvesse aventuras com piratas e cavaleiros. Eu também era dominadora, impaciente, implacável com as palavras e, como filha única, muitas vezes ficava confusa com os hábitos das outras crianças. Não fui uma garotinha popular. Brincava de Robinson

Crusoé em um pequeno forte de madeira que meus pais construíram no quintal, onde eu catava bolotas de carvalho e grama para meu sustento. No forte, eu não era excluída nem ficava constrangida — era autossuficiente, corajosa, sobrevivia de forma habilidosa, mesmo que estivesse perdida.

Os livros são outro habitat para uma criança que ama palavras e aventuras, e eu ficava contente quando meus pais liam *Moby Dick*, *Pippi Meialonga* ou *O Hobbit* para mim. Decidi muito cedo que seria escritora quando crescesse. Essa, pensei, era a profissão que combinava com o tipo de mulher que eu queria me tornar: livre para fazer o que quisesse.

Comecei a escrever um diário na terceira série e, solidária a Anne Frank, lhe dei um nome, personifiquei-o e fiz dele meu confidente. "Agora voltei ao ponto que me levou a escrever um diário: não tenho um amigo", contou Anne para Kitty, seu diário. Escrever é se comunicar com um amigo íntimo desconhecido que está sempre disponível, do mesmo modo que os fiéis podem se dirigir a Deus. Meus cadernos pautados eram o único lugar onde eu conseguia dizer tudo o que quisesse, sempre que quisesse. Até hoje sinto conforto e alívio na solidão, não importa quão estranho seja tudo à minha volta, se eu tiver um bloco e uma caneta comigo.

Como jornalista, passei quase duas décadas me colocando em ambientes desconhecidos com o máximo de frequência possível. Não há nada que eu ame mais do que viajar para um lugar onde não conheço ninguém e onde tudo será uma surpresa, e depois escrever sobre isso. É como ter um novo amante — mesmo as partes que você não adora têm o fascínio crepitante do não familiar.

A primeira história que publiquei foi sobre um outro mundo a apenas uma hora do meu apartamento. Eu tinha vinte e dois anos e morava em East Village, no sexto andar de um prédio sem elevador com uma colega de quarto e baratas, e trabalhava como assistente na revista *New York*. Minha amiga Mayita, estagiária do departamento de fotografia, conhecia uma boate para mulheres obesas no Queens. Conversamos sobre isso no horário de almoço enquanto caminhávamos pelo centro de Manhattan com nossas embalagens plásticas de salada murcha, temendo voltar para o escritório.

Eu não era uma pessoa-chave da equipe. Meu trabalho consistia em pegar os artigos que os jornalistas enviavam por fax e digitá-los no sistema de computador — estávamos em 1996, o e-mail ainda era considerado um fenômeno curioso e possivelmente passageiro. Além disso, eu tinha que inserir as palavras cruzadas no sistema alternando o olhar entre o papel que o criador enviou e a tela do computador, tentando me lembrar se o campo precisava ser preto, preto, branco, preto, ou se era preto, branco, preto, preto. Eu estava em constante estado de indignação amargurada no escritório. *Como é que* eu *podia ter sido confundida com uma criada*? Mayita também estava horrorizada em relação à sua queda de status: em seu último ano na Universidade Wesleyan, apenas alguns meses antes, ela era considerada a próxima Sally Mann. Agora colocava negativos de fotos em ordem alfabética o dia inteiro. (Quando expressávamos versões suavizadas da nossa indignação para nossos superiores, as respostas incluíam invariavelmente a expressão "fazer a sua parte". Não era uma expressão com a qual nos importávamos.)

Decidimos não esperar que alguém no escritório nos desse permissão para fazer o que realmente queríamos. Pegamos o metrô, percorremos um milhão de estações até o Queens e entramos em um bar cavernoso em Rego Park, onde mulheres que pesavam mais de cem quilos iam dançar e paquerar seus admiradores, além de fazer concursos de lingerie às quatro da manhã. Era muito escuro lá dentro. O ar tinha um cheiro estagnado e suado, e os drinques eram tão fortes que soltavam vapor. Mas as mulheres eram magníficas, como pássaros enormes: cílios postiços esvoaçantes, vestidos justos e brilhantes azul-pavão e amarelo-canário, a luz fraca refletindo nos paetês. Mayita e eu nos destacamos no ambiente. Éramos pequenas, estávamos de jeans e suéteres sem graça, pequenas pombinhas. Foi assustador, mas eletrizante: *A história que estamos escrevendo é mais importante do que sua ansiedade e humilhação*, meu eu competente disse para mim. Então, eu me dirigi a completas estranhas segurando meu bloco de anotações e pedi que me contassem suas histórias.

E elas *contaram*. Contaram sobre terem sido menininhas gordas ou como engordaram depois que tiveram filhos. Disseram que estavam fartas de sentir vergonha, cansadas de se desculpar por ocupar tanto espaço, então começaram a acreditar que ser grande era bonito (ou pelo menos começaram a acreditar parte do tempo). Tinham admiradores apaixonados, mas era difícil porque nunca sabiam se os homens com quem saíam — os "fãs das gordinhas" — as amavam por elas mesmas ou por sua gordura. *Por sua gordura!*, maravilhei-me no metrô às cinco da manhã, voltando para o apartamento, enquanto a escuridão ia cedendo ao novo dia.

A Manhattan do fim dos anos 1990 à minha volta era brilhante, ambiciosa, dura. Mulheres esguias na Madison Avenue, na televisão, com seus saltos finos e cabelos alisados, segurando bolsas de mil dólares cobertas com Gs entrelaçados. Os restaurantes aos quais as pessoas queriam ir eram lustrosos e extremamente caros — não se falava sobre carne sustentável; ninguém queria ver madeira bruta reformada. Era a gênese da cultura da internet, e as pessoas da minha idade ganhavam quantias enormes de dinheiro em *start-ups* e todo tipo de coisa. Uma colega de trabalho vendeu os direitos da primeira grande matéria que publicou na revista para um produtor por meio milhão de dólares quando tinha apenas vinte e cinco anos. (Era sobre jovens publicitários ricos que mantinham a hierarquia noturna da cidade, brandindo suas listas de convidados e bolsas de brindes. "A maioria de nós tem tanto poder quanto os sujeitos mais velhos de terno", um deles disse. "E logo teremos ainda mais.")

Não havia nenhuma subcorrente de medo, muito pouco impulso contra a maré prevalecente do interesse próprio naquela época.

Minha geração nunca vivenciou uma guerra de verdade, longa. Ninguém pensava em terrorismo. Até mesmo as mudanças climáticas ainda pareciam algo que poderia ser ignorado sem problemas até o futuro distante — talvez a gente pudesse evitar isso reciclando latinhas de refrigerante. Havia um *éthos* de consumo sem remorso na cidade de Nova York, que a revista para a qual eu trabalhava tanto promovia quanto satirizava. Eu oscilava entre achar aquilo fascinante e alienante.

Assim, encontrar um submundo de mulheres que simplesmente escolheram sair da cultura da magreza, cujos próprios corpos eram monumentos inegáveis de resistência, foi sensacional. Enquanto eu escrevia minha matéria (o que se provou ser bem mais difícil do que eu tinha imaginado), senti que descrevia um universo exótico com estética e costumes próprios, e mais: que escrevia sobre um tipo não convencional de vida feminina. O que significa ser mulher? Quais são as regras? Quais são suas opções e seus obstáculos? Queria contar histórias que respondessem ou pelo menos fizessem essas perguntas.

Fiquei tonta quando um editor da revista disse que publicariam meu artigo e as fotos de Mayita e ainda nos pagariam por isso. O pagamento pelo artigo era um dinheiro especial, mágico — uma recompensa por fazer algo que já era recompensador. Era também uma quantia de dois mil dólares, mais do que o meu salário. Em geral, era um dinheiro a mais para cobrir os custos do metrô e do aluguel do meu apartamento encardido e deprimente. Mas depois que recebi o pagamento pela matéria, frequentei um restaurante chique de saladas na hora do almoço por semanas. Eu me servia de várias colheres de beterraba com gomos de laranja sanguínea; colocava tiras de carne ao lado delas sem me preocupar.

Escrever era a solução de todos os problemas: financeiros, emocionais, intelectuais. A escrita me fez companhia quando eu era uma criança solitária. Ela me deu uma desculpa para ir a lugares aonde, se não fosse por isso, eu provavelmente não iria. Ela satisfazia o decreto que minha mãe baixou muitas vezes no decorrer da minha vida: "Você precisa ganhar seu próprio sustento. Nunca dependa de um homem". E fazia com que eu me sentisse bem, como se houvesse uma razão para mim. "É uma coisa muito estranha que pessoas estejam dispostas a lhe dar um carro se você contar uma história para elas", disse Virginia Woolf em 1931, em seu discurso para a National Society for Women's Service, um grupo de profissionais do sexo feminino. "Ainda mais estranho é o fato de não existir nada mais prazeroso no mundo do que contar histórias."

Fui promovida a redatora na mesma época em que me apaixonei, quando tinha vinte e oito anos. Eu me casei alguns anos depois — nós todos nos casamos. À medida que chegávamos aos trinta anos, meus amigos e eu éramos como milho de pipoca explodindo em uma panela: primeiro um, depois outro e, logo, estávamos todos irrompendo no matrimônio. Seguiram-se vários anos de paz, mas, então, as gravidezes começaram a acontecer. Achei isso inquietante.

Tornar-se mãe, eu temia, era abandonar o status de protagonista da própria vida. Suas perguntas eram respondidas, sua liberdade acabava, seu caminho se calcificaria diante de você. Mesmo assim, aquilo me atraía. Ser uma exploradora profissional se tornaria algo impossível se eu tivesse um filho, mas ter um filho parecia ser, de muitas maneiras, a jornada mais selvagem possível. Às vezes, nos longos voos que eu pegava para escrever minhas histórias, eu ouvia "Beginning of a Great Adventure" [Início de uma grande aventura], uma música de Lou Reed sobre a paternidade iminente: "A little me or he or she to fill up with my dreams",* canta ele. "A way of saying life is not a loss."** À medida que minhas amigas começaram a fazer

* Tradução livre: "Um pequeno eu ou ele ou ela para encher os meus sonhos." (N. T.)
** Tradução livre: "Um modo de dizer que a vida não é uma perda." (N. T.)

a travessia de jovem mulher para mãe, a maternidade me olhava feio por eu ainda não tê-la feito.

Algumas das minhas amigas ficaram horrorizadas ao descobrirem que a reprodução não era necessariamente uma missão simples. *Você acredita que ainda não engravidei?*, perguntavam elas, amargas, sofridas, enquanto sua vida sexual era tomada por uma determinação sombria, e elas enfrentavam inseminações, fertilizações *in vitro,* injeções de hormônio, humilhação. *Estou tentando há um ano... dois... cinco. Gastei seis mil dólares com esses médicos... oito mil... quarenta mil.*

Eu as escutava. Dizia coisas na esperança de soar reconfortante. Mas o que sempre passava pela minha cabeça era: *é claro.* Não era como se a pesquisa tivesse acabado de ser divulgada: a fertilidade diminui com o passar dos anos. Todas nós sabíamos disso. Mas, de alguma forma, imaginamos que seria possível contornar a questão.

Vivíamos em um mundo no qual tínhamos o controle de tantas coisas. Se não quiséssemos subir com as compras pelas escadas, encomendávamos pela internet e esperávamos de moletom no quarto andar enquanto um asiático ou latino suava escada acima carregando a areia do gato e as bananas orgânicas. Se quiséssemos nos comunicar com uma pessoa do outro lado do planeta, pegávamos dispositivos que não existiam quando éramos pequenas e enviávamos mensagens de texto, e-mails e fotografias que tiramos segundos antes sem a necessidade de qualquer filme. Tudo parecia possível se você tivesse criatividade, dinheiro e tenacidade. Mas o corpo não segue essas regras.

Fomos criados para pensar que poderíamos fazer o que quiséssemos — éramos livres para ser você e eu! E muitos dos sonhos revolucionários dos nossos pais tinham de fato se tornado realidade. Um negro realmente poderia ser presidente. Até que tudo bem ser gay — até mesmo um gay casado. Você pode ser mulher e ter uma carreira estimulante e não precisava ser esposa e mãe (embora, vamos encarar os fatos, isso ainda seja aconselhável: o estigma de solteirona nunca deixou de existir de verdade). Às vezes nossos pais ficavam deslumbrados com a noção de possibilidade que nos concederam. Outras vezes, ficavam consternados ao reconhecer o próprio privilégio encarando-os de volta na imagem ampliada dos próprios filhos.

Atrever-se a pensar que as regras não se aplicam é a marca de um visionário. Também é um sintoma de narcisismo.

Sempre fico aterrorizada antes de viajar. Fico convencida de que, dessa vez, não vou conseguir entender o mapa nem me comunicar com pessoas que não falam inglês, ou que não vou encontrar as pessoas que preciso para escrever a história que fui enviada para escrever. Vou ficar perdida, incapaz e vulnerável.

E assim foi com a maternidade: senti medo por quase uma década. Eu não gostei da infância e tinha medo de ter um filho que também não gostasse. Tinha medo de ser uma péssima mãe. E tinha medo de ficar aprisionada, fossilizada, presa em um lugar por vinte anos de aulas de oboé e deveres de casa de matemática que não consegui terminar da primeira vez.

Eu prestava atenção a tudo o que via e lia sobre o assunto. "Um filho é, sim, um turbilhão de ansiedades", escreveu Elena Ferrante em seu romance *A filha perdida*. A protagonista acaba se afastando dos filhos e entra em uma experiência do sublime: "Tudo começando do zero. Nenhum hábito, nenhuma sensação entorpecida pela previsibilidade. Eu era eu, eu produzia os pensamentos sem me distrair com qualquer preocupação a não ser os fios trançados dos sonhos e desejos".* Se você segura um filho dia e noite, suas mãos não estarão livres para se segurar naqueles fios trançados.

* Tradução livre. (N. T.)

Certa vez, assisti a uma entrevista com Joni Mitchell na qual ela explicava por que não tinha se casado com Graham Nash e tido filhos quando eram um casal na década de 1960. Ela deu as costas ao sonho doméstico que o inspirara a canonizar: "I'll light the fire, you place the flowers in the vase".* Depois que ele a pediu em casamento, Mitchell se viu pensando na avó, uma musicista frustrada que se sentiu tão presa à maternidade e às tarefas domésticas que um dia "chutou a porta da cozinha e a arrancou das dobradiças". Sua vida não seria mais sobre expressar sua personalidade. Ela se resignou à sua realidade.

Joni Mitchell pensou que acabaria como a avó se optasse pela vida familiar e doméstica. Então, em vez disso, como cantou no álbum "Don Juan's Reckless Daughter", saiu em viagens para "as vastas e sutis planícies do mistério".

Eu queria encontrar esses mistérios também. Queria sentir a amplidão da estepe mongol se abrindo diante de mim. Queria conhecer o cheiro das manhãs no Rajastão. Por quê? "Eu quero fazer só porque quero fazer", escreveu Amelia Earhart em uma carta ao marido. "As mulheres devem tentar fazer coisas assim como os homens tentaram."

Eu não ia arrancar portas das dobradiças com um chute. Não ia escolher os confortos abafados de um lar. Eu seria a exploradora, não a múmia.

* "Eu acendo a lareira, você coloca as flores no vaso." Tradução livre dos primeiros versos da música "Our House". (N. T.)

Capítulo 2

Na noite anterior à minha partida, a África estava dourada e pulsante na minha mente. Eu me imaginava com um caderno na mão, escrevendo furiosamente sob o sol avermelhado. Eu seria destemida, apaixonada pelo meu trabalho e pelo vasto mundo. Eu cairia alegre à noite na cama, minha mente zunindo com pensamentos.

Eu tinha trinta e cinco anos e ia para Joanesburgo cobrir a história mais ambiciosa da minha carreira. Durante os doze anos fazendo meu trabalho, eu me acostumei a escrever certos tipos de texto: perfis compactos de pessoas públicas; ensaios sobre cultura pop. Isso era outra coisa. Tudo o que fiz antes parecia um treinamento, uma preparação. Isso parecia o início da minha vida adulta como escritora.

Havia uma corredora de Limpopo, região rural da África do Sul, na fronteira com Botsuana, Moçambique e Zimbábue, cuja foto eu tinha visto no jornal e da qual eu não conseguia afastar o olhar. O nome dela era Caster Semenya. Tinha sido criada em uma aldeia remota de casebres de tijolos aparentes e barracos feitos de barro e estrume secos ao sol, correndo descalça com uma equipe de corrida que não tinha dinheiro nem para comprar tênis. Ela veio de um lugar onde poucas pessoas tinham carro, saneamento básico ou oportunidades de crescer, e continuou correndo até se tornar poderosa e imbatível. Semenya foi recrutada pela Universidade de Pretória e, aos dezoito anos, venceu o Campeonato Mundial de Atletismo de 2009 em Berlim, estabelecendo um novo recorde nacional para o evento. Parecia destinada aos Jogos Olímpicos.

Mas as outras corredoras não achavam aquilo justo. "Para mim, ela não é uma mulher. Ela é um homem", declarou a corredora italiana Elisa Cusma, que chegara em sexto lugar em Berlim. "Esse tipo de pessoa não deveria correr com a gente."

"É só olhar para ela", disse a russa que terminou em quinto.

Semenya tinha uma aparência masculina impressionante. Maxilar marcado e um porte físico que deslizava das costelas direto aos quadris; seu torso era como o peitoral de uma armadura. Mesmo antes de sair de Pretória, havia fofocas sobre sua aparência. Em resposta, a Associação Internacional de Federações de Atletismo, organização que regula o esporte de Semenya, instruiu que ela se submetesse a um "teste de gênero": levaram-na a um médico para examinarem sua genitália, e ela passou por um exame de sangue para medir seu nível de testosterona. Disseram que se tratava de um exame antidoping, mas ela sabia que havia algo mais, embora não soubesse dizer o quê. Assim como a maioria das pessoas de sua aldeia, Semenya nunca tinha ido a um ginecologista antes.

Em Berlim, a atleta viu uma reportagem na televisão dizendo que os resultados dos seus exames tinham vazado e mostravam que ela tinha três vezes mais testosterona do que as mulheres em geral, possivelmente porque tinha nascido com testículos ocultos em vez de ovários. Ela foi chamada de hermafrodita — uma palavra que nunca tinha ouvido. "Vivemos de acordo com regras simples", disse seu pai posteriormente. "Eu não sei o que é um cromossomo." A história se tornou a sensação dos tabloides internacionais.

Os compatriotas da corredora ficaram assustados com a ideia de uma pessoa que pensava ser uma coisa e de repente foi informada de que era outra: a classificação e reclassificação de seres humanos tem uma história assombrada na África do Sul. Quando Semenya voltou a Joanesburgo, milhares de fãs aguardavam no aeroporto para recebê-la com aplausos. Nelson Mandela e o presidente Jacob Zuma fizeram questão de conhecê-la e parabenizá-la. As pessoas estavam indignadas com o fato de uma adolescente ter sido examinada e analisada, como Vênus Hotentote antes dela, por homens europeus fascinados por sua aparência exótica e anômala.

A verdade é que eu também fiquei fascinada. Tratava-se de uma história que fazia você questionar o significado de gênero: o que faz uma pessoa ser mulher? Uma vagina? Um útero? Um cromossomo? (E se alguém tem apenas duas dessas características?) O que, afinal, é uma mulher?

Convenci meu editor a me mandar para a África do Sul, embora eu nunca tivesse escrito uma história real em um país estrangeiro antes. Eu não fazia ideia de como encontrar Semenya, que certamente não tinha um assessor nem um site. Eu não sabia como chegar às autoridades do atletismo que escandalizaram seu país com a forma errada como conduziram a situação, nem aos políticos que usavam isso para fomentar o ódio populista. Na verdade, quando peguei o avião em Nova York, eu não tinha um único contato na África.

Aquilo parecia ser um mero detalhe na noite anterior à viagem. Mas, em algum lugar sobre o Atlântico, isso se transformou em crise. *No que* eu estava pensando? Eu tinha me imaginado sentada nas arquibancadas da Universidade de Pretória, onde Semenya era caloura, e, ao olhar para a pista, a encontraria treinando. (Talvez minha próxima história pudesse ser sobre os Beatles, que ainda estavam vivos, bastaria apenas ir para Londres e ficar esperando por eles na faixa de pedestres em Abbey Road.) Tentei me acalmar: *vamos resolver isso. Não é nenhum problema de física quântica.* Mas não consegui me convencer.

Eu finalmente tinha passado dos limites. A minha arrogância seria punida com o fracasso. A África, tão gloriosa e promissora na noite anterior, começou a se tornar ameaçadora na minha mente. Pensei na nossa casa segura e amigável em Shelter Island, com suas janelas abertas e colchas dobradas no armário de roupa de cama, e desejei nunca ter partido.

No entanto, de alguma forma, se você quiser muito, sempre é possível contar uma história. Parece magia, mas está mais para carpintaria. Você constrói uma estrutura, então vai preenchendo-a e logo terá algo em que pisar que permitirá que você martele em uma altura que antes estava fora de alcance. Você começa entrando em contato com as pessoas que são fáceis de encontrar, mesmo que tenham pouca relação com a matéria. Minha primeira ligação quando cheguei à África do Sul foi para o presidente do conselho estudantil da Universidade de Pretória. Ele me levou ao diretor de atletismo, um homem branco e grande com um bigode farto e um forte sotaque africâner, que me apresentou ao treinador de Semenya. O treinador me levou até o primeiro treinador dela, um homem negro e careca com olhos reumosos chamado Phineas Sako, com quem me encontrei em uma estrada de terra no meio de Limpopo, onde ele havia reunido vinte atletas adolescentes para o treino de corrida.

Por cima do som do vento, eu conseguia ouvir a música que vinha de um bar com fachada de tijolos aparentes no fim da estrada, e galinhas cacarejando nos quintais das casas, onde ficavam presas em cercados feitos de galhos de árvores. A maioria dos jovens corredores do Clube Atlético de Moletjie tinha caminhado pelo menos meia hora desde suas aldeias até chegar ao ponto de encontro. O treino para os corredores acontecia em uma pista próxima, onde burros e cabras pastavam na relva primaveril. Os praticantes de *cross-country* treinavam nos quilômetros de arbustos que se estendiam em direção às montanhas distantes, mas a terra era cheia de moitas espinhosas, e os espinhos eram um problema sério para os atletas, que corriam descalços. "Não podemos parar e dizer que não temos tênis, porque não temos dinheiro, os pais não têm dinheiro", disse Sako. "Então o que devemos fazer? Apenas seguimos em frente."

Joyce, uma garotinha de casaco cor-de-rosa que tinha dezoito anos, mas parecia ter doze, disse para mim: "Quero ser campeã mundial". Tinha uma voz tão suave que era quase um sussurro. "Eu *vou* ser campeã mundial. Caster me deixa orgulhosa."

Sako disse que Semenya sempre fora uma corredora extraordinária. "Eu costumava dizer a Caster que ela devia sempre dar seu melhor", disse ele. "Ao apresentar o melhor desempenho, talvez bons homens com o bolso cheio de dinheiro a vissem e ajudassem com a educação e coisas assim. Essa foi a motivação. E ela *sempre* deu seu melhor."

Mas, durante toda a infância, seu gênero foi motivo de suspeita e curiosidade aonde quer que fosse. "'Parece um garoto', essas são as palavras exatas", disse Sako. "Eles diziam 'Parece um garoto'." Semenya acabou se acostumando a ir ao banheiro com um membro do time adversário para que pudessem verificar suas partes íntimas e, então, seguir com a disputa. "Eles estão duvidando de mim", explicava ela para o técnico, enquanto ia ao banheiro de novo.

Depois de entrevistar os atletas de Sako, dei uma carona para ele no meu carro alugado pela estrada de terra que cortava os infinitos arbustos dourados e secos. Ficou claro que ele tinha um ceticismo próprio — sobre a minha feminilidade. Não entendia o que eu estava fazendo em Limpopo. "Onde estão seus filhos?", ele queria saber. Quando respondi que não tinha filhos, ele balançou a cabeça, incrédulo.

Tentei explicar que, para mim, escrever era como correr para Caster Semenya: algo que eu tinha que fazer. Mas Sako ainda balançava a cabeça quando saiu do carro. "Vocês, americanos", disse ele. "Vocês não sabem de nada."

Fui para Cidade do Cabo em seguida. Um etíope de fala mansa chamado Zerihun me buscou no aeroporto. A caminho do hotel, ele me contou sobre sua esposa, com quem tinha vindo para a cidade sete anos antes; ela adorava a nova paisagem, o verde acentuado e os tons de amarelo da vegetação local. Contei sobre o meu artigo e sobre todas as pessoas que eu precisava encontrar, e ele disse que faríamos isso juntos: ele me levaria a qualquer lugar, seríamos uma equipe de estrangeiros.

Fiquei aos pés do Bo-Kaap, o bairro malaio da Cidade do Cabo, no qual casas com cores de doce vão subindo pela encosta íngreme em direção ao Signal Hill. Tive uma estranha sensação de reconhecimento quando cheguei à cidade, algo parecido com o que você sente ao conhecer alguém e, na mesma hora, saber que essa pessoa será importante para você. Minha amiga mais próxima, Emma, é filha de dois imigrantes judeus sul-africanos e, à minha volta, eu conseguia reconhecer a cadência familiar do jeito como os pais dela falavam. Expressões que eu presumira serem particulares da família dela eram, na verdade, expressões idiomáticas do país. "Pena", disse a mulher na recepção do Cape Heritage Hotel de forma compassiva quando mencionei que esqueci meus tênis em Pretória, exatamente como Emma ou sua mãe falariam se você batesse o dedão em algum lugar. As frases costumavam terminar com "hein?", um apelo cativante em busca de confirmação, como em "Semenya é apenas uma criança, hein?". Eu sorria toda vez que ouvia, pensando em Emma na faculdade: "Essa festa está um saco, hein? Vamos logo para casa".

Zerihun e eu estávamos nervosos com a possibilidade de acabar nos perdendo enquanto dirigíamos por Khayelitsha, um distrito enorme na periferia da cidade, no qual barracos com telhado de metal corrugado e tábuas de madeira se estendiam por quilômetros ao longo de estradas de terra praticamente sem sinalização, pontuadas por salões de beleza e estandes de frutas em estruturas não muito maiores do que uma cabine telefônica. Mas não tivemos problemas para encontrar a casa sólida de tijolos de uma ativista LGBT chamada Funeka Soldaat. Era uma mulher impetuosa com a cabeça raspada que conversou comigo por horas com uma receptividade destemida sobre a política de gênero da África do Sul negra. Ela estava alegre, mesmo que naquele dia estivesse a caminho do tribunal para assistir ao processo contra diversos homens acusados do estupro e assassinato de uma lésbica no bairro dela. "Estão estuprando lésbicas para 'consertá-las'", contou-me. "Para que sejam 'mulheres de verdade'." Ela mesma tinha passado por isso.

Não havia espaço para uma mulher desviar do que se esperava de seu gênero, disse Soldaat. Suas diferenças seriam eliminadas ou ignoradas. Soldaat estava respondendo, em parte, à declaração de um político chamado Julius Malema, líder da poderosa e radical Liga da Juventude, do Congresso Nacional Africano, que disse que "jamais aceitaria a categorização de Caster Semenya como hermafrodita, porque na África do Sul e em qualquer lugar do mundo com lucidez uma coisa dessas não existe". Malema tentou vender essa ideia como uma importação ocidental indesejável: "Não imponham a nós seus conceitos hermafroditas".

No entanto, a África do Sul tem os maiores índices de nascimento de indivíduos intersexuais do mundo, embora ninguém saiba o motivo. Soldaat me contou que tinha uma prima "exatamente como Caster: sem seios, que nunca menstruou. Todo mundo acha que ela é um homem. Nós nos referimos a isso como *italisi* no idioma xhosa". Era um termo cochichado. "Uma coisa que é muito difícil para o povo africano", continuou Soldaat, "não temos como discutir algo que acontece da cintura para baixo." Ela sofreu ao pensar em Semenya na Alemanha, sozinha e confusa com todas as reportagens na televisão. "Você nunca sabe o que está acontecendo no seu corpo. E não há ninguém que tente explicar para você."

De volta ao meu quarto, com meus cadernos espalhados na enorme cama de dossel e as cores brilhantes da Cidade do Cabo piscando do lado de fora da janela aberta, transcrevi as gravações no laptop. A oportunidade diante de mim tornava muito difícil ficar parada. Essa história tinha tudo: um lugar distante com sua própria taxonomia e atmosfera, o cheiro de madeira queimada e drogas pairando sobre a cidade, e *hadeda ibis* voando como aves pré-históricas no céu rosado. E, no centro de tudo, havia uma mulher que era forte demais, poderosa demais — tudo *demais*.

Eu falava para todo mundo que encontrava e que conhecia Semenya que queria entrevistá-la e pedia que me ajudassem a explicar minha situação. Mas um muro de advogados tinha se colocado ao redor dela para protegê-la de pedidos grotescos de tabloides de todo o mundo. E, para a própria Semenya, sem dúvida, os jornalistas eram o inimigo, as pessoas que a humilharam diante do mundo inteiro exatamente no momento de triunfo para o qual ela trabalhara a vida toda. Eu ainda queria estar diante dela, por mais rápido que fosse, apenas para trocar um aperto de mão e ouvir sua voz. Desejei que pudéssemos ter até mesmo um encontro momentâneo.

Um dia, quando eu estava de volta a Pretória, preparando-me para entrevistar um administrador da universidade, um pensamento surgiu em minha mente: *Hoje que vou conhecer Caster Semenya.* Ri de mim mesma uma hora depois, enquanto estava sentada nas arquibancadas matando tempo antes do meu compromisso. Eu estava cercada por campos bem repartidos, como em uma pintura de Bruegel, a terra trabalhada por atletas, em vez de fazendeiros. Corredores em pequenos grupos cruzavam a distância. Os raios primaveris de sol refletiam na superfície azul da piscina.

Uma figura de moletom preto com gorro andava por uma trilha a uns trinta metros de onde eu estava. Havia algo na compleição daquela pessoa e em seus movimentos que chamou minha atenção. Eu me levantei e segui o caminho até alcançá-la atrás do refeitório, conversando com um garçom e um cozinheiro, ambos mais baixos do que ela. Era Caster Semenya. Ela não parecia uma menina adolescente nem um menino adolescente. Parecia outra coisa. Algo magnífico.

Eu lhe disse que tinha vindo de Nova York para escrever sobre ela, e ela me perguntou por quê. "Porque você é a campeã", respondi.

Ela bufou e disse: "Você me faz rir".

Perguntei se ela poderia conversar comigo, não sobre os exames, mas sobre sua evolução como atleta, seu progresso desde Limpopo até a arena mundial. Ela negou vigorosamente com a cabeça. "Não", respondeu. "Eu não posso falar com você. Eu não posso falar com ninguém. Não posso dizer para ninguém como me sinto nem o que passa pela minha cabeça."

Eu disse que isso devia ser horrível.

"Não", disse ela com firmeza. Sua voz era forte e baixa. "Era horrível quando eu estava correndo, e eles estavam escrevendo todas aquelas coisas. Foi horrível. Agora só preciso me afastar. É tudo o que posso fazer." Ela deu um sorrisinho confuso. "Afastar-me disso tudo, talvez para sempre." Então ela deu alguns passos para trás, deu meia-volta e fez exatamente isso.

Eu tinha encontrado a pessoa que viera procurar. Naquele momento, senti pela primeira vez que podia confiar em mim mesma para correr atrás do que quer que eu sentisse vontade de fazer como repórter. Era hora de voltar para casa.

Mas, enquanto eu arrumava a mala no hotel Cape Heritage, ocorreu-me que eu deveria aproveitar essa oportunidade para conhecer um pouco da vida selvagem africana. Quem saberia quando — ou se — eu voltaria para essa parte do mundo? Afinal de contas, eu não tinha filhos. Estava livre para aproveitar um pouco mais.

Decidi passar o fim de semana no parque nacional de Kruger. Estava ansiosa para ver as manadas de antílopes, os leopardos estirados nas árvores. Imaginei que meus colegas turistas seriam como Robert Redford e Meryl Streep em *Entre dois amores* — solitários destemidos. Em vez disso, eram casais de classe média da Inglaterra e da Austrália em férias românticas. Na hora das refeições, eu escrevia no meu diário ou lia o romance *Desonra*, enquanto os maridos e suas mulheres, os namorados com suas namoradas se sentavam à mesa rindo e tomando vinho. Todas as noites, os funcionários do hotel colocavam pétalas de rosa em todas as camas formando um coração, e eu as jogava no lixo. Eu me sentia muito solitária no escuro.

Mas eu amava as manhãs, bem cedinho, sentada atrás de uma Land Rover nos últimos momentos de escuridão enquanto o guia nos explicava como identificar as fezes de rinoceronte. O céu clareava. As folhas balançavam, e o que a princípio parecia um tronco de árvore cinzento se tornava um elefante.

No dia em que vi um grupo de leões pela primeira vez, deitados de costas no mato seco e amarelado lambendo um ao outro com tanto carinho que era difícil não saltar do carro e acariciá-los, cometi o erro que me levaria ao meu primeiro arrependimento de verdade. Até aquele momento, meus arrependimentos eram apenas coisas tolas, arrependimentos de uma criança privilegiada. (*Eu deveria ter estudado no exterior por um semestre. Eu deveria ter perdido a virgindade com alguém legal.*) Mas, naquela manhã, cometi o primeiro de muitos erros reais que se empilhariam uns sobre os outros até bloquearem totalmente o sol.

Não fui atacada por nenhum animal. Não tinha sido assaltada nem agredida na perigosa Joanesburgo. Não havia fracassado na tarefa improvável que inventei para mim mesma quando insisti que poderia encontrar o meu caminho e a minha história em outro continente sobre o qual eu nada sabia. O mundo tinha me deixado sair ilesa disso tudo.

Mas o perigo que deixamos entrar em nossas vidas pode vir nas formas menos ameaçadoras, mais prosaicas: o celular que você pressiona junto à cabeça, transmitindo a voz da sua mãe, emitindo radiação no seu cérebro dia após dia; a picada de um carrapato que deixa você dolorida e paralisada por anos. Pode vir na forma de um e-mail de uma antiga amante com quem você não fala há muitos e muitos anos, que você recebe quando está de volta ao alojamento, sentada sob o telhado de palha, tomando chá com leite. Pode vir quando, em vez de escrever para a pessoa com quem você compartilha um lar e uma história, a pessoa que você ama e com quem se casou, você escreve para sua antiga amante. E diz: "Hoje eu vi uma família de leões se lambendo deitados na grama amarelada, e eles pareciam apaixonados".

Capítulo 3

Minha mãe sabia instintivamente que o perigo poderia chegar em uma caixa simpática vinda do supermercado, cheia de cereal colorido que entra no seu corpo e silenciosamente vai fazendo você apodrecer de dentro para fora. Ela herdou da própria mãe a desconfiança de imigrante em relação a autoridades, combinando isso com suas tendências insurrecionais que restaram dos tempos de estudante radical, e tudo isso se acumulou em uma cozinha na qual Cheez Doodles eram proibidos. Na casa em que fui criada, na limpa e verdejante Westchester, nada tinha corantes artificiais. Os cachorros-quentes eram vetados. Não era espartana: havia sempre maçãs e bananas em uma tigela azul; havia Cheddar e Jarlsberg na gaveta de queijos. Havia todos os ingredientes necessários para preparar uma sopa de feijão branco de um clássico livro de receitas. Durante um tempo, acho que minha mãe realmente acreditou em viver de tofu.

Eu me lembro da minha avó materna me ensinando a fazer panquecas de queijo quando eu tinha uns onze anos, uma aula de verdade: quanto tempo deveria bater a massa com um garfo (até ficar fofa); quando tirar a panqueca da frigideira (quando as pontas ficarem marrons-claras); e como dobrar o recheio (como um presente que você frita). Mas aprendi a cozinhar principalmente com minha mãe. Não houve lições parecidas com a das panquecas. Absorvi suas preferências e seus preconceitos ao longo dos anos da mesma maneira como absorvi seus gestos e seu jeito de falar, até minha comida passar a ter um gosto ligeira e inequivocamente parecido com a dela. Eu sentava na cozinha de ladrilhos mexicanos e aprendia a amar fazer tortas, a ficar irritada com a louça suja de outras pessoas e a acreditar que comida sem salada não é refeição. Eu não me lembro de minha mãe dizer que eu precisava enfiar metade de um limão dentro de um frango antes de assá-lo, mas sei que é isso que se faz. Ou sei que era isso que ela fazia.

Até onde eu sabia, havia dois modos de cozinhar: festivo e obrigatório. Todas as noites, quando voltava de seu emprego na creche do sistema público escolar, minha mãe preparava jantares obrigatórios para mim e para meu pai. Ela participou de grupos de conscientização de mulheres por duas décadas — usando tênis ou sapatilhas, nenhuma joia, cabelos escuros e cacheados bem cheios e livres —, mas era responsável pela comida na nossa família, mesmo quando meu pai estava desempregado. Em uma variação regular, havia bolo de carne (não era um dos seus melhores pratos, portanto algo que nunca faço), um adorável peito de frango frito empanado com farinha de rosca misturada com queijo parmesão e, o meu favorito, *kugel* de macarrão com passas douradas, que, para ser sincera, está mais para uma sobremesa.

Havia uma órbita de humores correspondentes que o preparo dessa comida obrigatória provocava na minha mãe: competência sensata, orgulho corajoso e um ressentimento tempestuoso. Com minha mãe, aprendi que você pode fazer sua família experimentar uma maravilhosa sensação de indulgência protegida ao preparar para eles algo com muito esmero. Também aprendi que você pode lançar uma poderosa campanha de resistência ao triturar alho como uma mártir.

A comida festiva da minha mãe era de fato sensacional. Seu repertório aumentava magicamente em ocasiões especiais, e ela aparecia com assados impressionantes, *cheesecakes* de preparo demorado e pão de milho reluzente. Ela sempre conseguia fazer comida suficiente para os oito ou dez ou doze convidados que se materializavam. (O que, para mim, ainda é surpreendente. Quando triplico ou quintuplico uma receita, raramente consigo mais quantidade. Em geral, acabo com uma coisa estranha.) Em seguida, ela punha a mesa com a louça branca salpicada de azul e os copos com borda azul que meus pais trouxeram para casa das férias em Yucatán, embrulhados em plástico bolha junto com os azulejos de cozinha, transformando nossa sala de jantar barata em um arrojado café.

Havia outra dimensão no preparo de alimentos festivos na minha casa. Minha mãe tinha um amigo, um amigo especial, que fazia visitas regulares. O nome dele era Marcus. Ele morava com a esposa e os dois filhos em Albany, onde trabalhava como administrador de um centro de saúde mental. Um homem negro, muito alto e bonito, Marcus tinha cabelo grisalho e uma barriga do tamanho de uma bola de boliche quando o conheci, mas quando minha mãe — e meu pai — o conheceram na Universidade de Wisconsin-Madison no fim dos anos 1960, aposto que era quase majestoso. Ele era jogador de basquete na época, já divorciado da primeira esposa, que ele tinha deixado com dois filhos no sul. (Ele raramente os via e nunca falava sobre eles.) Ele e minha mãe namoraram e terminaram várias vezes durante a faculdade. Por fim, ela se casou com meu pai, um estudante de história do Bronx que era engraçado, judeu e, com pouco mais de um metro e sessenta, ainda menor do que sua única filha seria. Mas minha mãe e esse outro sujeito bem mais alto mantiveram contato.

Quando Marcus visitava, minha mãe pegava os copos mexicanos. Preparava pão de milho. Ficava exultante e animada e não reclamava, nem com palavras nem com gestos, sobre tirar os pratos da mesa depois que a família e os convidados terminavam a refeição que ela acabara de preparar. Então, todos íamos para a sala de estar e nos acomodávamos nos sofás azuis, ouvindo Cat Stevens cantar na vitrola: "I have my freedom I can make my own rules".*

Marcus oferecia mimos. Trazia maconha, que cultivava no quintal de casa, e meus pais fechavam as cortinas e fumavam com ele antes de consumir o resto dos presentes. Trazia damascos mergulhados em chocolate. Trazia pés de porco em potes de vidro, que nunca eram tocados pelos judeus baixinhos que estavam com ele. Uma ou duas vezes, ele trouxe bolinhos de canela incríveis da confeitaria Ovens of Brittany, na Madison, que ele deve ter pedido para entregar. Ele era uma nuvem de hedonismo enchendo nossa casa — que geralmente se glorificava em nossa própria privação imaginária (comparada com as indulgências à nossa volta: Larchmont com seus carrões Lexus). Com as visitas de Marcus, as regras, o ambiente e a culinária mudavam. Certa noite, ficou decidido que as melhores costelas do mundo ficavam na Filadélfia, então fomos para lá. Eu me lembro de ficar no banco traseiro de um táxi, descer na estação da 30th Street em direção ao Rib Crib, em pânico. Eventos que teriam sido aventuras só com meus pais assumiam um tom diferente quando Marcus estava com a gente.

Quando nos visitava, Marcus dormia em uma pilha de cobertores que minha mãe arrumava cuidadosamente para ele no chão da sala de televisão, ao lado do sofá marrom de veludo. Mas, desde que me entendo por gente, ficou claro para mim que a simples presença dele representava uma grave ameaça para mim e para o meu pai. Marcus tinha o poder de transformar minha mãe de uma carrancuda controladora de toda comida que contivesse açúcar em uma ninfa sorridente que servia copos cheios de refrigerante de limão tão livremente como se fosse suco de cenoura. Era aterrorizante vê-la tão

* Tradução livre: "Tenho a minha liberdade posso fazer minhas próprias regras". (N. T.)

feliz. Quando Marcus não estava em nossa casa, ele ligava com frequência, e minha mãe ia para o quarto dos meus pais com o telefone e fechava a porta. Eu tentava pensar em motivos para ela fazer isso. Ela também o visitava, ou os dois se encontravam em Saratoga, onde apostavam em cavalos. Eu estava muito ciente da possibilidade de um dia, ao sair com nosso carro verde enferrujado, ela nunca mais voltar.

Às vezes, ela nos levava junto. Havia ceias de Natal na casa de Marcus em Albany, onde a comida era escandalosamente não saudável e deliciosa — frango frito, brownies, todos os tipos de refrigerante. Ele dava presentes generosos. Seus filhos ganharam videogames e jogos de RPG, e eu ganhei alguns móveis detalhados e caros para minha casinha de boneca. Ele deu para meu pai uma bonita pasta de couro e a jaqueta da camurça mais macia que eu já tinha visto num tom de ferrugem, que era o preferido de Marcus. (Marcus era daltônico, e acho que essa cor marrom avermelhada era como todas as cores pareciam para ele.) Alguns dias depois, voltamos de carro na neve suja e comemos as sobras da ceia. Minha mãe parecia vazia, e meu pai, mal-humorado e irritado, tendendo a explosões pelos motivos mais estranhos.

Quando fiquei mais velha, eu azucrinei minha mãe diversas vezes sobre a verdadeira natureza de seu relacionamento com Marcus. Havia algo de errado ali, mas o quê? Minha mãe não tinha o direito de ter um amigo próximo — até mesmo "especial"? O amigo dela, assim como os meus, não deveria poder dormir lá em casa?

Quando comecei a aprender sobre sexo, fiquei animada porque parecia algo que talvez fosse útil para quantificar a traição. Sexo! Com essa nova ideia, eu tinha um caso completo: se você fosse casada, só podia transar com seu marido. (Por quê? Quem poderia saber. Mas essas eram as regras.) Então, se minha mãe estivesse *transando* com Marcus, aquilo era errado, ponto final. O problema era provar isso, e pensei na única estratégia não muito eficaz para descobrir: perguntei para minha mãe.

EU:
Você transa com o Marcus?

MINHA MÃE:
O Marcus dorme na sala de televisão.

EU:
Você costumava transar com o Marcus?

MINHA MÃE:
Marcus e eu sempre tivemos uma ligação especial.

Ela ficava defensiva, e eu, confusa. Azucrinar minha mãe com perguntas e acusações não me fez sentir bem. Eu me senti cruel e agressiva, mas também paranoica e histérica. Era como se eu fosse uma garotinha de novo, com medo das sombras nas paredes de reboco do nosso corredor; pareciam monstros — *eram* monstros, para mim, na minha vigília insone. Mas nunca dá para ter certeza com as sombras. Você precisa estar em vigília constante, porque talvez seja maluca, mas talvez esteja certa.

Quando eu era criança, sempre dormia de luz acesa. Tudo estava bem se eu conseguisse ouvir os sons abafados de Johnny Carson na TV do fim do corredor. Mas depois que meus pais iam dormir e a casa ficava em silêncio, eu me desesperava — me transformava em um gatinho medroso que se escondia embaixo da mesa ao ouvir o ruído de passos. O que era familiar se tornava assustador. As paredes, que eram inertes o dia inteiro, ficavam possuídas à noite, vibrando de forma ameaçadora. Eu ficava sentada bem reta, lutando para manter os olhos abertos até o sol nascer, quando a segurança voltava a reinar, e eu podia dormir por algumas horas antes da escola. Meus pais me levaram a um psicólogo; eu me lembro de cortar panquecas de cartolina no consultório dele. Ele me deixava colocar tinta sobre elas, um tom marrom dourado e uma textura viscosa exatamente como mel. Não era nada sério, explicou ele para os meus pais. Sua filha é apenas sensível, impressionada com sua percepção de um mundo que parece instável.

Eu estava dormindo a noite inteira — sem ser atormentada pela escuridão — já havia alguns anos quando meu pai se mudou para Washington, D.C., a trabalho. Durante anos, ele escrevera peças publicitárias para uma empresa pequena que prestava serviços para várias causas de esquerda: o movimento antinuclear, a NAACP (Associação Nacional para o Avanço das Pessoas de Cor), o Greenpeace. Ele ficava no sofá de veludo depois do jantar, reescrevendo frases em blocos pautados amarelos, batendo com o lápis no bigode, suspirando e, às vezes, resmungando: "Ficou bom agora", quando finalmente ficava satisfeito. Isso acabou de forma abrupta quando meu pai brigou com o chefe e o mandou se foder. Um tenso período de desemprego, sem blocos amarelos, se seguiu. ("Viu só?", dizia minha mãe. "Você nunca pode depender de um homem. Você *tem* que ganhar seu próprio sustento.") Então, quando eu tinha doze anos, meu pai aceitou um emprego na National Abortion Rights Action League, a liga nacional que defendia o direito ao aborto. Aos poucos, foi ficando claro para mim que não nos mudaríamos para Washington depois que ele se estabelecesse por lá, como prometido.

Aos catorze anos, eu tinha um namorado descabelado de dezesseis chamado Josh, com quem sentia uma intimidade precária e desesperada. Nossas casas eram como embaixadas dos anos 1960 no terreno bem cuidado e estranho dos bairros de classe média da era Reagan. Nossas mães não usavam maquiagem. Era óbvio que nossos pais estavam se separando, ainda que de forma lenta, e Joshua e eu estávamos paradoxalmente determinados a declarar nossa independência reproduzindo todas as expressões de rebeldia que eles mesmos tinham nos ensinado. Ouvíamos Neil Young e Bob Dylan. Colocávamos colchas com estampa artesanal na cama. Lemos *On the road – Pé na estrada* e *O profeta* e a poesia de Robert Creeley. Quando Josh e eu começamos a sair, senti que tinha sido libertada do meu isolamento, da minha falta de jeito e da minha família. Não me ocorreu que eu tirasse as ideias das minhas roupas de fotografias da minha mãe na época em que ela parecia feliz por estar com meu pai.

Josh e eu fumávamos maconha sempre que conseguíamos e, uma noite no Capitol Theatre, em Port Chester, onde tínhamos ido assistir a uma banda cujo nome homenageava uma música do Grateful Dead, experimentamos LSD. Fui tomada pelo pânico rapidamente. Fiquei desesperada para voltar para casa, mas, assim que cheguei lá, as paredes ganharam vida, ondulando-se com rostos monstruosos como faziam na minha infância, mas agora estavam se *mexendo*. Tudo no meu campo de visão estava se mexendo — os móveis e as portas se fragmentando em quadradinhos que pulsavam um em volta do outro: *tique, tique, tique, tique!* Eu estava convencida de que podia ouvir a respiração dos mortos embaixo da terra.

Os horrores da minha infância não eram, como pareciam até então, os medos irracionais — e engraçados! — de uma inocente. Eu estivera certa o tempo todo: o mundo era feio e aterrorizante, nada fazia sentido. E, o pior de tudo: só eu conseguia perceber essa verdade. Tive flashbacks durante anos. Também sofri de insônia até quase os trinta anos.

Eu estava quase sempre exausta quando criança, mas era bem nutrida. Minha mãe sempre preparava um almoço equilibrado para eu levar para a escola, até a adolescência, quando me tornei revoltada demais para permitir que ela tivesse a satisfação de fazer direito aquela única coisa. Marcus começou a aparecer com ainda mais frequência depois que meu pai foi embora, e minha desconfiança em relação a ele se transformou em ódio. Tudo o que ele comprava e que parecia bom fazia mal. Eu tive uma fase breve, mas bastante escancarada, de vegetarianismo.

Quando me formei no ensino médio, minha mãe fez uma proclamação: a cozinha estava fechada. Ela tinha mandado uma garota saudável para uma universidade que contava com uma cantina; seu dever estava cumprido. Não haveria mais filé com cebolas marinadas no vinho tinto, como acontecia nos anos 1980, quando meus pais recebiam amigos para jantares que começavam com legumes crus e pasta de endro para acompanhar e terminavam com torta de sorvete e maconha. Não haveria mais receitas duvidosas de macarrão, do tipo que minha mãe preferia depois que meu pai se mudou para Washington, e ela começou a manifestar sua preferência por móveis rústicos de madeira clara. (Meu pai, podendo agora escolher, partiu sem moderação para o estilo *art déco* e reacendeu um amor quase esquecido por Marlboro Lights. Seu apartamento na Connecticut Avenue era tão escuro e enfumaçado quanto um antro de ópio da Rive Gauche, em Paris, na década de 1930.)

Não muito depois de minha mãe fechar a cozinha e deixar de preparar comidas obrigatórias e festivas, ela terminou o relacionamento com os dois homens a quem alimentava desde os vinte e poucos anos. Meus pais acabaram se divorciando oficialmente um pouco antes da minha formatura na faculdade e, por volta da mesma época, minha mãe parou de viajar com Marcus. Parou de atender as ligações dele. Parou de comprar o refrigerante de que ele gostava e perdeu o interesse em carne vermelha, depois frango e, por fim, abriu mão do seu grande amor por lagosta. Marcus só funcionava como um acompanhamento.

Minha mãe se tornou outra pessoa — uma mulher que não precisava de um homem, quanto mais dois. Alguém que não cozinhava.

Durante anos ela não comeu nada além de iogurte, torrada e comida que pedia por telefone. Tornou-se massagista de shiatsu.

Quando eu a visitava, ela falava: "Vamos pedir comida chinesa!" e, então, pedia rolinhos primavera, legumes cozidos no vapor com molho de soja e repolho frito. Ela fez uma viagem para a Ásia, onde tomou chá de manteiga de iaque e viu os antigos guerreiros de terracota de Shaanxi. "É incrível", contou-me quando voltou. "Essas pessoas podem usar pijama e comer comida chinesa todos os dias!" Eu disse que ela meio que tinha acabado de descrever a própria vida.

Então, um dia, sem mais nem menos, minha mãe se mudou para Cape Cod, depois de ver uma casa da qual gostou e que tinha uma macieira no quintal. Ela nunca tinha se sentido completamente à vontade em Larchmont — as casas eram muito próximas umas das outras; as mulheres, arrumadas demais. Nessa nova casa, naquele lugar com praias e arbustos de mirtilos, sua cozinha foi reaberta provisoriamente. Começou preparando omeletes. Logo depois, veio uma sopa ocasional. A lagosta foi naturalmente reintroduzida na sua dieta. Por fim, ela começou a sair com Ed, um sujeito da região que faz berinjela à parmegiana e torradas com cogumelo, e cujo pior defeito como ser humano é usar alho em pó. Eles já estão juntos há quase dez anos, mas cada um mora na própria casa, a dez minutos de distância uma da outra; eles usam cozinhas separadas.

Meu pai se casou novamente quando eu tinha vinte e poucos anos, com uma sulista ruiva e sociável chamada Jennie Lee, que me deu uma receita incrível de carne de porco e um conjunto de pratos verdes nos quais servi-la. (Deixar a carne marinando durante a noite em partes iguais de suco de laranja e molho de soja com alguns dentes de alho amassados, um pouco de açúcar mascavo e uma colher de chá de gengibre. Depois você coloca na grelha por doze minutos de cada lado e unta com compota de damasco enquanto estiver esfriando. As pessoas acham que é um molho complicado e ficam muito impressionadas.)

Alguns anos atrás, ouvimos que Marcus estava sendo acusado de desvio de dinheiro das instituições de saúde mental que administrava.

E que foi condenado por agredir um entregador de pizza. Minha mãe mencionou que uma vez, antes de eu nascer, ele tentou estrangulá-la.

Depois que minha mãe se adaptou à vida em Cape Cod, ela começou a fazer almoços nos Dias de Ação de Graças e a preparar perus sensacionais que ela não comia porque nunca mais voltou a comer carne, branca ou vermelha. Em vez disso, colocava as sobras em potes de plástico e congelava o molho em forminhas de gelo. Depois, arrumava tudo em uma bolsa térmica e me entregava triunfal quando eu entrava no carro para ir embora. Ela era vitoriosa em várias frentes: tinha criado uma filha que era uma cozinheira decente e que era valente para comer. E que não dependia de um homem.

Capítulo 4

Depois que minha matéria sobre a boate para mulheres obesas foi publicada na *New York,* as pessoas começaram a prestar um pouco mais de atenção em mim. Mas continuei sendo uma lacaia e estava louca para crescer. Eu pegava a Madison Avenue saindo da estação de metrô em direção ao escritório todas as manhãs murmurando comigo mesma, obcecada com a ideia de me *tornar.* Eu era incompleta e ambiciosa, mas no limite do desespero como um gato faminto.

Conheci um editor chamado John Homans na minha primeira semana trabalhando na revista. Saí uma manhã para ir ao que chamávamos de "bat caverna", uma saída de incêndio em um duto de ar escuro na lateral do prédio, onde as pessoas iam fumar sob canos com goteiras de água quente. Só havia espaço suficiente para duas pessoas, e Homans já estava lá, fumando e parecendo o irmão mais novo do Harrison Ford. Tinha trinta e cinco anos; eu devia ter vinte e um. Eu lhe disse meu nome e que deveria saber quem ele era, mas não sabia. "Não sei por que você deveria saber quem eu sou", disse ele, o que acabou não sendo verdade, nem um pouco.

Ele era o editor dos melhores escritores da revista. Se Homans decidisse jogar luz em você, o título do seu artigo apareceria na capa, dariam a você matérias de verdade — histórias interessantes, complexas, e não coisas vulgares que a gente às vezes tinha que escrever sobre cirurgiões plásticos e informações imobiliárias nos Hamptons. Muito mais importante, se Homans trabalhasse com você, isso significava que você era bom, ou seria quando ele terminasse. Significava que seria um escritor de verdade.

Levei anos para quebrar o gelo. Eu procurava motivos para passar pelo escritório dele — um fax imaginário que precisava ser enviado, uma visita aos outros subordinados que trabalhavam perto da porta dele — só para ouvi-lo gritar com seus escritores pelo telefone: "Quando é que você vai arquivar essa porra?". Ou, se escrevessem sobre um detalhe bom: "Ah! Dá para imaginar?". Conforme os meses foram se passando, ele foi se tornando mais amigável, do seu jeito brusco da Nova Inglaterra. "É um sanduichão de merda, e todo mundo precisa dar uma mordida", dizia ele quando eu reclamava de ter que escrever anúncios sobre exterminadores ou oficinas mecânicas.

Quando eu era muito pequena, antes de nos mudarmos para Westchester, minha família morava no segundo andar de uma casa geminada no Bronx. Nas minhas lembranças, nosso quarteirão era igualzinho à Vila Sésamo. Havia um garoto mais velho, já adolescente, que morava do outro lado da rua e se chamava Neil Reardon. Eu o idolatrava. Queria me vestir igual a ele. Queria fazer xixi em pé porque, de alguma forma, eu sabia que era como ele fazia. Minha mãe e eu nos sentávamos na varanda da entrada e, quando o via sair de casa, eu puxava a manga dela para nos levantarmos e nos aproximarmos mais dele. Era um amor infantil: reverencial, subordinado, romântico, mas não exatamente sexual. Eu queria impressioná-lo e ser igual a ele. Eu dobrava o pescoço para olhar para aquele garoto alto de dezesseis anos e quase desmaiar diante de seu dinamismo alto e gentio.

Era assim que eu me sentia em relação a John Homans. Levei quase sete anos para aparecer com uma história que realmente despertasse o interesse dele. Notei que *strippers* e estrelas de filmes pornô e sua estética estavam repentina e estranhamente em todos os lugares. Passei por um enorme outdoor mostrando Jenna Jameson, a estrela pornô mais bem paga do mundo na época, que tinha escrito um livro que estava na lista de mais vendidos. Estavam oferecendo aulas de *pole dance* na minha academia. Adolescentes usavam camisetas do coelhinho da *Playboy*. Tangas entraram na moda. E o mais bizarro é que o jargão dessa tendência foi emprestado do movimento feminista: se você visse um sutiã meia taça, já sabia que estava a poucos segundos de ouvir a palavra "empoderamento". Eu ia escrever sobre isso. Eu ia criar um nome para isso. Eu ia achar uma explicação!

"Parece que vai ser divertido para você, srta. Ari", comentou Homans com seu jeito distante de sempre e um tom vagamente irônico. Mas deu para perceber pela maneira como ele movimentava os dedos no ar, como se estivesse tocando um contrabaixo invisível, que eu tinha despertado o seu entusiasmo.

Demorei uma eternidade para escrever o texto. Em geral, você descobre uma história, vai fazer uma reportagem e, então, surge uma ideia sobre o que você aprendeu, uma narrativa para organizar as informações. Mas essa era uma história sobre uma ideia, e eu tinha que encontrar situações e pessoas que pudessem servir como exemplo. Eu era uma iniciante. Algumas das melhores matérias da *New York*, feitas por escritores por quem eu tinha o mais profundo respeito, identificaram fenômenos culturais e lhes deram nomes que nunca se perderiam. ("Radical Chic", de Tom Wolfe.) Mas você precisa de confiança e um conhecimento muito abrangente para escrever um texto assim, além de um estilo de verdade para distrair o leitor durante as partes incertas do seu argumento. Eu não tinha nada disso.

Então, trabalhei com o método de tentativa e erro. Escrevi rascunhos e mais rascunhos, e Homans me dizia o que achava que eu queria dizer — o que geralmente era mais interessante do que o que eu queria dizer de fato —, e me mostrou a diferença entre isso e o que eu tinha colocado na página. Quando a matéria ficou pronta, não era a obra-prima que eu imaginara. Não era nem a matéria de capa. Mas foi o suficiente para convencer Homans de que deveríamos fazer outra história juntos e, depois, mais uma.

No fim das contas, aquele ensaio acabaria se tornando meu primeiro livro. Mas conseguir a atenção de Homans tinha muito mais significado para mim. Um editor de verdade não é só alguém com quem você trabalha; ele é seu guia. Ele vê seu cérebro funcionando e aprende suas fraquezas e capacidades e, se ele for realmente bom, descobre o que você precisa ouvir para compensar seus pontos fracos e acentuar os fortes. Ele é a pessoa a quem você confia o que tem de mais íntimo, sua própria voz.

Em geral, essa confiança permeia todo o relacionamento. Existia muito pouca coisa acontecendo em minha vida entre os meus vinte e tantos e trinta e poucos anos que eu não contasse para ele. Durante anos, ele teve um peso em todas as decisões que tomei.

Eu saía quase todas as noites naquela época, tentando descobrir quem eu deveria ser e com quem deveria estar. Havia um comediante que tinha um programa na TV a cabo sobre ficar na rua até tarde e ir a bares de segunda categoria pelo país depois dos shows — íamos juntos quando ele estava em Nova York. Não muito depois do 11 de Setembro, quando o ar na cidade ainda fedia a plástico queimado e combustível, bebíamos uísque no Stoned Crow, um bar subterrâneo pegajoso perto do Washington Square Park, com iniciais e palavrões entalhados nas paredes. Ficava a apenas alguns quarteirões da esquina de onde, com meus vizinhos, assisti à primeira torre despencar do céu.

Um dia depois disso, havia tanques do exército ao longo da 14th Street, e me lembro de um grupo de rapazes em uma caminhonete passando bem devagar ao lado deles, segurando bandeiras americanas e uma faixa na qual haviam escrito VINGANÇA. Você precisava mostrar sua identidade para a polícia para entrar na sua rua se morasse no centro da cidade. Começaram a surgir cartas com antraz pelos correios, a maioria endereçada a membros da imprensa. Motoristas de táxi siques estavam sendo agredidos porque as pessoas achavam que eram parecidos com Osama bin Laden. Centenas de fotos de pessoas desaparecidas foram penduradas na estação Grand Central e nas grades da Greenwich Street perto do hospital Saint Vincent, que havia se mobilizado para o fluxo de vítimas depois dos ataques. Mas as pessoas se foram. Os dois prédios enormes que tinham sido a principal constelação no céu de Manhattan também.

Naquela noite no bar, o comediante me disse que esse era o teste da nossa geração, nossa Grande Guerra. Por um instante, ele parecia heroico e sagaz — eu estava acostumada com suas brincadeiras sobre tudo. (Eu amava suas piadas, que eram vulgares e absurdas: "Um sujeito, digamos que seja eu, está fodendo o olho de uma abóbora. Se a abóbora não queria isso, por que estava sorrindo para mim?".) Ele me lembrava do meu rude avô materno, um judeu durão. O comediante me parecia dolorosamente familiar, o marido de olhos castanhos que uma parte de mim sempre esperou ter. Eu sofria por não estar com ele, mas o afastava assim mesmo.

Antes dele, houve o loiro que me olhava com um desejo tão ávido que me deixava exultante. Eu o conheci logo após meu pai ter sido diagnosticado com câncer. Foi na mesma semana em que derrubei o ar-condicionado da janela do apartamento da minha amiga em St. Marks Place. O verão sujo e úmido oprimia a sala dela, foi numa época em que éramos tão incrivelmente jovens que não apenas fumávamos, mas fumávamos em *lugares fechados*. Todo mundo pediu para abrir uma janela, e foi o que fiz, mas é claro que eles não estavam se referindo àquela — porque obviamente o aparelho de ar-condicionado despencou lá de cima, espatifando-se na calçada cinco andares abaixo.

"Você podia ter matado alguém!", era o que as pessoas diziam quando eu contava a história; mas não era verdade. A janela ficava em cima de um canal de ventilação. Eu estava na revista no dia seguinte quando meu pai ligou. Eu estava prestes a contar sobre o ar-condicionado quando ele disse que estava com câncer, que já estava avançado demais para operarem, que o prognóstico não era bom.

Eu conheci o loirinho em uma festa na cobertura de alguém um pouco depois. Eu me sentia confusa na noite úmida e abafada. Ele disse que sua mãe tinha um ar-condicionado extra e que ele me ajudaria a levá-lo até o centro da cidade e a subir cinco lances de escada até a janela que eu tinha sido idiota o bastante para abrir. Ele era musculoso e determinado e fez isso alguns dias mais tarde. Depois, dormiu lá em casa.

Achei que ele seria bem quadrado, porque era atlético e estava sempre limpo, mas, em vez disso, ele tinha uma urgência sem inibições e pedia o que queria, além de saber, de alguma forma, exatamente o que eu queria. Ele saiu cedo no dia seguinte, antes de meu pai vir me ver a caminho da consulta com um oncologista na cidade.

— Se ao menos tivessem descoberto antes — comentei, suplicante.

— É — respondeu meu pai. — Se ao menos eu tivesse dois pênis, poderia estar em um circo.

Quando eu era pequena — ainda na fase Neil Reardon —, meu pai lavava meu cabelo e me chamava de sra. Rosenbaum, além de fingir que seu nome era Gladys e que estávamos em um salão de beleza. "Nós só vamos retocar um pouco a raiz, sra. Rosenbaum", dizia ele, passando xampu de bebê e falando com o sotaque da sua infância no Bronx. "Você soube o que aconteceu com Doris Kaplan? Ela fez um permanente que deu errado em Miami. Bem, você sabe como a Doris é, sra. Rosenbaum. Com ela sempre tem *algum* problema."

Quando fiquei um pouco mais velha, nós pegávamos o trem para a cidade saindo de Larchmont para irmos ao Metropolitan Museum. Meu pai gostava de sentar na escadaria da frente antes de entrarmos, para observar as pessoas saindo do museu e ver qual era a cor das etiquetas de entrada naquele dia. Quando ele descobria, ficava subindo e descendo as escadas à procura de etiquetas descartadas da cor correta e ficava maravilhosamente satisfeito se encontrássemos duas para usar antes de nos esgueirarmos para dentro, passando pela entrada e seguindo para o templo de Dendur.

No verão, eu ia para um acampamento em New Hampshire, onde aprendia músicas dos Weavers e me queimava usando a pistola de cola quente para fazer bonecos de galhos e feltro. Meu pai, Robert, me enviava cartas como se fosse meu irmão caçula imaginário que trocava o "r" pelo "l": "Andei de *metlô* hoje e enfiei o dedo no *naliz*. Mamãe *bligou* comigo e me mandou *plo qualto*, mas eu me escondi no *almálio* e fiquei *blincando* lá *dentlo*. Volte logo *pla* casa *pla* gente *blincá* junto".

Câncer. *Câncer.* No trabalho, em bares, no apartamento do meu amigo em St. Marks Place, com o ar-condicionado horrível que o loirinho tinha colocado lá e que emitia um zunido fraco ao fundo, eu pensava: *câncer*. Ou, às vezes, *meu pai está morrendo*. Parecia surreal e fazia todo o resto parecer surreal também, porque, se isso era possível, o que mais seria?

Era estranhamente emocionante — não a perspectiva de o meu pai morrer, mas o modo como as coisas podiam mudar, em um estalar de dedos. Se a janela ficasse de frente para a rua, eu *poderia* ter matado alguém com aquele aparelho de ar-condicionado, e então aquilo seria a verdade dali em diante, para todo o sempre. A vida, tão laboriosa e aparentemente circunscrita, era instável e frágil.

E, então, em um estalar de dedos, o prognóstico mudou. Ele ia viver! "A maioria dos homens morre *com* câncer de próstata e não *por causa* dele", explicou-me a minha madrasta, e agora parecia claro que meu pai estaria entre eles. Os médicos *iam* operar; fui para Washington para a cirurgia. Foi aterrorizante vê-lo depois disso, todo pálido e grisalho na cama de hospital. "Me tire daqui", disse ele quando estávamos na sala de recuperação. "Estou falando sério. Você é minha *filha*. Me leve para casa agora."

Não havia muito o que fazer: eu disse para minha madrasta (de forma muito firme) e para o médico (de forma obsequiosa) que meu pai não passaria mais uma noite no hospital, que nós íamos voltar para casa naquele momento. Por um instante, eu me senti heroica e sagaz. Meu pai tinha seus desejos, e eu ia cuidar para que fossem realizados. Eu era sua única filha. Eu era sua filha obediente! Tínhamos o *mesmo sangue*.

A ordem foi restaurada. A janela sempre estaria voltada para o canal de ventilação. O prognóstico sombrio seria um erro. Nada de ruim aconteceria comigo no meu filme, porque eu era a protagonista.

Capítulo 5

Nós nos conhecemos no meio de um apagão.

Estava um calor intenso, não havia água nas torneiras, e Nova York tinha enlouquecido. As pessoas estavam suadas e irritadas, amontoando-se nas ruas, emanando calor e ansiedade. Os semáforos estavam apagados nos cruzamentos; táxis circulavam na escuridão. Os caixas eletrônicos não funcionavam e os bares estavam cobrando um preço absurdo por uma garrafinha de água, e eu estava com sede, de ressaca e quase sem dinheiro. Eu me sentia indefesa toda vez que subia os dez lances de escada até meu apartamento, carregando uma vela acesa pela escadaria fantasmagórica.

Eu estava quase entrando em pânico quando um amigo me ligou e disse que tinha água novamente em seu prédio, perto da prefeitura, e que ele tinha uma churrasqueira elétrica na varanda. Enquanto eu caminhava até lá, pela rua de paralelepípedos bem ao norte do Washington Square Park, passando por um cruzamento onde uma mulher de vestido controlava o trânsito e pelo bairro iluminado — janelas e mais janelas sem energia e com candelabros bruxuleantes e pessoas nos apartamentos de cima tomando cerveja nas escadas de incêndio —, a cidade parecia menos um pesadelo e mais um festival.

Meu amigo disse que tinha uma convidada na cidade, que vinha da Califórnia: Lucy. Sua pele era dourada, seus olhos, verdes, e usava uma camiseta branca. Ela sorriu com toda a franqueza do mundo quando entrei. Ela tinha a honestidade radiante de um girassol.

Senti como se a tivesse conjurado da escuridão. Não apenas da escuridão encantada do apagão, mas de todas as noites anteriores, quando eu ia a bares e festas à procura de alguém que não estava lá. Mas ela estava ali agora.

O céu estava delicado e úmido acima da calçada fumegante. Nosso amigo grelhou toda a carne descongelada por causa do freezer desligado, e Lucy me contou sobre a região da baía de São Francisco, onde ela tinha morado por vinte anos, e para onde eu iria, por acaso, para cobrir uma matéria. Fiquei imediatamente surpresa com sua bondade — sua competência simples e fácil. Gostei que ela fosse dez anos mais velha do que eu, que fosse atleta, tivesse um emprego de verdade, como diretora de desenvolvimento de uma organização ambiental sem fins lucrativos, e uma casa própria. Todas as garotas — e os garotos antes delas — que namorei moravam em apartamentos alugados decorados com móveis velhos. Eu conseguia sentir sua ambição zunindo como a minha, logo abaixo de sua *joie de vivre*. Nunca pensei que seria possível me sentir atraída por alguém que combinasse tão obviamente comigo de todas as maneiras. Minhas fantasias com Lucy foram extravagantemente domésticas, quase de imediato.

Teria sido fácil dormir lá naquela noite. Eu poderia ter dito que não queria voltar para meu apartamento escuro e abafado. Eu poderia ter ficado no sofá, e Lucy e eu teríamos encontrado uma maneira de pelo menos nos beijar. Mas voltei para casa, divagando na noite de verão. Eu não queria um encontro. Eu queria uma companheira.

Só que ela vivia com outra mulher — Lucy estava de aliança quando nos conhecemos. Elas tinham uma casa em Oakland, com um pátio de ardósia e plantas altas no jardim dos fundos. Lucy me contou sobre a terraplenagem do jardim em um dos primeiros e-mails que me escreveu, sobre como tinha estudado a inclinação do terreno e planejado cuidadosamente a drenagem antes de plantar limoeiros e lavandas. Fiquei fascinada: será que poderia existir alguém tão inteligente a ponto de entender de *drenagem*?

Começamos a nos escrever incessantemente. Eu voltava correndo para casa para checar meu computador (não havia iPhones na época; eu ainda nem tinha celular). Ela me contou sobre o verão em que ajudou o irmão a construir uma cabana de madeira em Orcas Island: "Havia apenas nós três dormindo em tendas na propriedade. A gente se achava o máximo, martelava e ia nadar no estreito de Juan de Fuca". Tudo o que ela fazia parecia alegre e bom.

Lucy cresceu em uma cidadezinha no estado de Washington, onde era possível sentir cheiro de polpa de madeira das fábricas de papel quando o vento soprava. Seu pai, um homem alto e competente, que serviu na guarda de honra de MacArthur no Teatro de Operações do Pacífico durante a Segunda Guerra Mundial, foi o médico da cidade por meio século. Quando Lucy era pequena, eles costumavam ir para uma cabana em Toutle River no verão, e o pai dela levantava pedras gigantescas e as organizava para fazer uma piscina infantil. Ele a apresentava para as pessoas dizendo: "Minha filha tem seis anos de idade" — ou "sete", ou "treze" — "e nunca fez nada de errado".

Quando criança, Lucy pediu aos pais que a chamassem de Joe — o que eles fizeram alegremente (ou deliberadamente), sem saber que era um prenúncio de sua homossexualidade. Ela pegava o uniforme do acampamento de verão do irmão para inspecionar o bairro e patrulhar o perímetro do lago Sacajawea, usando o chapéu de pele de animal dele. No quarto ano, quase conseguiu convencer uma garota de que era um menino chamado Joe, e que elas deveriam namorar. Lucy teve problemas quando a professora descobriu, mas não estava tentando enganar ninguém. Para ela, aquela era a verdade.

Quando fui a São Francisco para pesquisar sobre minha matéria um mês depois do apagão, fiquei em uma pousada próxima a Dolores Park. Lucy me pegou no conversível que tinha alugado para o dia e me levou para ver Muir Woods. Eu me vesti com cuidado para a ocasião, short vermelho curto e botas de caminhada compradas quando fui fazer trilha no Himalaia anos antes. Contei para Lucy sobre aquela viagem enquanto passávamos pelas sombras frias das sequoias, o cheiro limpo da floresta nos envolvendo.

Eu tinha feito um mochilão pela Ásia por seis meses quando tinha vinte e dois anos. Meu humor naquele período exótico em Katmandu e Da Nang alternava entre euforia e terror solitário. Eu tinha cheques de viagem que deixava guardados com meu passaporte em um saquinho que usava por baixo da camiseta o tempo todo, com medo de que alguém me roubasse e eu me fodesse por completo. A American Express permitia que você recebesse correspondência nos seus escritórios na época, e a primeira coisa que eu fazia sempre que chegava a uma cidade depois de uma longa viagem de ônibus era correr para pegar uma pequena pilha de envelopes e cartões-postais. Então, eu lia a correspondência e chorava enquanto tomava chá.

Eu tinha planejado ficar duas semanas em um monastério no sul da Tailândia, que oferecia retiros de silêncio e meditação para novatos. Na noite em que cheguei, já era tarde demais para ficar nas cabanas com os outros estrangeiros; o monge que me recebeu no portão me levou até um lugar que costumava ser usado como estábulo. Deitada no meu saco de dormir no chão coberto de palha, eu conseguia ver a lua no céu escuro, brilhando por uma janela aberta. Eu ouvia animais, pequenos e agitados, movendo-se pelas vigas. Não senti medo nem solidão.

Na manhã seguinte, o monge voltou e me levou em uma caminhonete até um lugar onde pessoas brancas e estranhas com *dreadlocks* realizavam suas tarefas com o rosto impassível. Além de ficar em silêncio, não deveríamos ler nem escrever enquanto estivéssemos lá. Consegui ficar três dias.

Aquela viagem foi como toda a minha vida, destilada: uma compulsão para sair atrás de aventura, compensada por um desejo de entrar na bolsa de uma canguru gentil que me levaria, quicando e protegida, por toda a vida. Lucy me contou que já tinha feito mochilão uma vez em Kangchenjunga. "No fim da caminhada, os tibetanos me disseram que tinham me dado um apelido", contou-me ela. "Lady escoteira."

Um bando de papagaios verdes migrou para Telegraph Hill, em São Francisco, na virada do século, e eu conseguia ouvi-los, como flautas, no céu, enquanto voltávamos para a cidade no conversível vermelho de Lucy. Ela me levou ao Zuni Café, no qual havia um longo balcão de cobre, e o ar tinha cheiro de fumaça e alecrim, e uma mulher com trejeitos masculinos serviu tequilas para nós. Ficou claro para mim que eu precisava me mudar para São Francisco, imediatamente. Quando estivéssemos morando juntas, imaginei, Lucy e eu sairíamos para tomar drinques naquele bar pelo menos uma vez por semana — seria um de nossos programas.

Quando começou a escurecer, ela teve que ir. Ela me deu um beijo de despedida na esquina das ruas Gough e Market, e fui descendo a ladeira sentindo-me derreter por dentro, como se eu tivesse sido salva.

Ela costumava vir muito a Nova York a trabalho. Eu tinha acabado de me mudar para um apartamento barulhento na 14th Street, por onde ambulâncias passavam com sirenes ligadas a cada quinze minutos a caminho do hospital Beth Israel, e pareciam estar passando dentro da sala. Eu tinha organizado uma festa para meus amigos conhecerem o apartamento quando sabia que Lucy estaria na cidade, mas fingi ter sido coincidência. Na noite anterior, ela ficou acordada até tarde, enquanto eu preparava ovos cozidos recheados. Lucy me contou sobre passear pela cidadezinha onde nasceu com os irmãos quando era criança, colhendo maçãs e ameixas das árvores dos vizinhos. "O tour das frutas", como ela chamava. Com essa pessoa, eu poderia ser normal, contente, abençoada. Purificada por sua bondade.

Uma mulher de quarenta e um anos, mais ou menos casada, que aluga carros conversíveis em segredo e viaja para Nova York para ver sua amante de vinte e oito anos pode não parecer alguém com uma virtuosidade contagiosa. Mas o relacionamento de Lucy já tinha acabado. Depois de um tempo, parecia mais que ela estava me traindo quando voltava para sua namorada do que o contrário. Não que eu ficasse com raiva ou ciúme quando pensava nelas juntas. Na verdade, me causava tristeza. Eu sofria quando pensava que Lucy se sentia solitária e deslocada dentro da própria casa.

Eu não queria que a namorada dela sofresse. Mas também não me sentia particularmente culpada. Elas pareciam estar tão longe de se amar que até pensei (estupidamente) que a namorada pudesse ficar feliz de Lucy sair de sua vida.

Elas tinham se tornado estranhas. Talvez sempre tivessem sido. E nós éramos magia pura.

Capítulo 6

Escrevemos nossos votos de casamento na Califórnia, no verão antes de eu completar trinta anos. Lucy estava se preparando para vender a casa, reformando o único banheiro com a ajuda de uma amiga, então tínhamos que fazer xixi no quintal e tomar banho com a mangueira do jardim. No fim da tarde, nos sentávamos no deque com Paolo, seu gato cinza endiabrado, e tomávamos vodca com refrigerantes e suco de limão — West Coast Sparklers, como chamávamos nosso drinque. "Prometo cuidar de você mesmo que fique doente ou menos atraente" foi uma das promessas. "Prometo não ser tão controladora no jardim" foi outra. E nossa preferida: "Prometo transformar a vida em uma festa".

E foi o que fizemos. Nos fins de semana, íamos até Bolina comprar ostras ou nadávamos na praia de nudismo em Marin. Fazíamos trilhas e caminhadas procurando águias. Íamos a Oakland para comer comida mexicana e a Berkeley para japonesa, e voltávamos ao Zuni Café, onde sempre pedíamos frango assado para duas pessoas. E em todos os lugares bebíamos: margaritas, tequila, prosecco, Manhattans. Havia muita coisa para comemorar.

Compartilhávamos um entusiasmo explosivo que colocávamos para fora dos nossos corpos com álcool. Era quase como um esporte. Saíamos juntas da sobriedade, um drinque após outro, até chegarmos a uma realidade totalmente à parte do resto do mundo. Tarde da noite, íamos cambaleando até o Lexington, um bar de lésbicas em Mission, para olhar as garotas com *mullets*, *piercing* no nariz e tatuagens, jogando sinuca e se beijando, desafiando a sociedade de um jeito que nenhuma de nós se atrevia a fazer. (Gostávamos de ser livres, mas não tanto quanto gostávamos de ser aceitas.) Tínhamos ressacas brutais, mas as tínhamos *juntas*. Elas eram, de um jeito peculiar e excruciante, quase tão divertidas quanto a embriaguez que as precedia. Acordávamos com a visão turva, ainda bêbadas, unidas no nosso desespero por água, antiácido e refrigerante, rindo da nossa dor, das coisas ditas na noite anterior e das pessoas que havíamos encontrado. Ficávamos agarradas uma à outra no sofá, enquanto Paolo se afastava arrancando o pelo de seu coelho de pelúcia.

Tive a pior ressaca da minha vida em uma viagem de carro que fizemos pela costa do Oregon naquele verão, quando ficamos em um hotel de beira de estrada em Cannon Beach, onde Lucy tinha ido com a família quando era criança. Fomos ao seu restaurante favorito, que mais parecia uma cabana de madeira, e comemos lasanha e bolo de carne e tomamos uma garrafa de *pinot noir*. De sobremesa, compramos uma garrafa de *bourbon*, que tomamos na varanda do nosso quarto. Sentadas em cadeiras de plástico de jardim com a colcha de poliéster verde no colo, tentávamos descobrir qual das figuras escuras no mar eram pelicanos e quais eram apenas pedras. No início ficamos tontas, mas a visão ainda estava clara. Depois, conforme íamos passando a garrafa uma para a outra, as estrelas, a areia e o mar meio que se fundiram em um único borrão.

Na manhã seguinte, a maré tinha subido, e as ondas chegavam até a porta de correr do nosso quarto. Parecia que eu tinha levado uma surra enquanto dormia e que minha cabeça estava cheia de estilhaços. Minha boca salivou até eu chegar no banheiro, então deitei no chão, suando e me odiando, até conseguir vomitar de novo. Perguntei-me por que fiz isso de novo, me envenenar, e por qual crime estava me punindo. Isso se estendeu por horas, e então Lucy chegou com Tylenol e um milk-shake de baunilha. "Tome isto", disse ela. "Chega de água que passarinho não bebe para você." Tomei o milk-shake com um canudo, e a maresia passou pela porta de correr, me purificando enquanto ela me abraçava na cama. Eu me senti melhor e, depois, abençoada.

Era 2004. Naquele inverno, o presidente George W. Bush anunciou apoio a uma emenda constitucional para banir o casamento entre pessoas do mesmo sexo em seu discurso do Estado da União. Como resposta, o recém-eleito prefeito de São Francisco, Gavin Newsom, orientou os cartórios a começar a emitir licenças de casamento para casais gays. Em maio, Massachusetts se tornou o primeiro estado dos Estados Unidos a legalizar casamentos civis entre pessoas do mesmo sexo. Publicaram nos jornais fotos de casais se beijando nos degraus da prefeitura de Boston, de São Francisco. Naquela época em particular, parecia ser algo mais do que apenas o romance em se casar. Parecia ser a coisa certa a se fazer.

Mas eu estava relutante em aceitar essa credibilidade arrivista. Eu tinha acabado de me descobrir gay (e não por completo); Lucy era apenas minha segunda namorada de verdade. Eu tinha tentado passar casualmente para essa direção sem chamar muita atenção dos meus amigos céticos. (Na faculdade, quando tive minha primeira experiência com uma garota, Emma e eu fomos fazer compras em uma tarde com Matt, meu melhor amigo de Larchmont, em uma loja de roupas vintage. Experimentei uma calça masculina que achei que impressionaria meu novo grupo de amigas lésbicas, mas quando me olhei no espelho vi que Matt e Emma estavam revirando os olhos.) Meus pais não foram um problema. "Você está impressionada com como lidei bem com isso?", perguntou-me meu pai quando levei minha primeira namorada à casa dele para um fim de semana. Pensei por um instante e respondi, sincera: "Na verdade, não".

Casar-me com uma mulher me parecia um ato de solidariedade a um movimento do qual eu não tinha o direito de fazer parte. "Ah, dá um tempo!", disse Lucy (uma lésbica *de verdade*, com credenciais impecáveis e décadas de experiência na área). "A principal questão é que todo mundo possa se casar com a pessoa que ama."

"Prometo tratar sua família como se fosse a minha família" foi outra promessa que fizemos. Mas isso era complicado. Minha família era avessa a limites, descaradamente invasiva, e Lucy era muito reservada. Ela se fechava como uma ostra quando alguém a enchia de perguntas.

Eu não sabia como agir perto da mãe dela. Ela tinha oitenta e dois anos quando nos conhecemos, uma mulher de Minnesota que nunca dissera nada mais duro do que "Ah, francamente". Era melhor conversar sobre o jardim, aprendi, sobre seus canteiros imponentes e suas roseiras podadas à perfeição. Ou moda: olhávamos revistas femininas juntas à noite enquanto Lucy e o pai assistiam a programas de esporte na televisão. Se fosse inverno, folheávamos o grosso catálogo da Nordstrom, e a mãe dela dizia: "Que salto adorável", ou "Esse casaco parece bem quentinho". Evitávamos qualquer discussão sobre política, sexualidade, etnia e religião (a não ser uma vez quando eu soltei um "*Oy vey*", a mãe de Lucy perguntou "O quê?", então expliquei: "É o que meu povo diz quando querem dizer "Ah, francamente").

Eles ainda moravam na mesma casa em que Lucy tinha sido criada. O papel de parede de carrinhos do "quarto dos meninos" ainda está lá. Um deles era um pastor evangélico de cinquenta e poucos anos; o outro era anestesista; e o mais novo trabalhava na área de marketing do movimento criacionista. Quando Lucy saiu do armário na faculdade, os pais ficaram meses sem falar com ela. Lucy finalmente tinha feito uma única coisa errada.

— E quanto à fidelidade? — perguntou-me Lucy naquela noite no deque dos fundos, com nossas promessas e nossos West Coast Sparklers, enquanto a noite fresca da Califórnia descia sobre nós.

— Não sei se posso prometer isso para uma vida inteira — respondi. — Isso é mesmo importante?

Eu meio que esperava que, uma vez que assumisse um compromisso com alguém que realmente ama, você fosse parar de sentir atração por relativos estranhos. Mas eu meio que também pensava: *quem se importa*? Quem se importa se às vezes você usar suas armas de sedução — brevemente — com uma pessoa diferente de seu cônjuge e tiver um pouco de aventura com seu corpo? Por que isso precisa ter a ver com sua esposa? Será que não basta prometer seu mais profundo amor, sua lealdade, para sua pessoa favorita sem se prender em um cinto de castidade e presenteá-la com a chave?

O casamento gay ainda nem era legalizado — estávamos inventando isso! Será que não poderíamos inventar algo mais verdadeiro, mais profundo, melhor do que uma instituição criada para consolidar um senso de propriedade e linhagem? *Nós temos a nossa liberdade, podemos fazer nossas próprias regras.* Por que não?

Durante anos, eu me ressentiria do fato de Lucy ter escolhido não me ouvir quando disse a ela — desde o início! — que eu não valorizava a monogamia. Por fim, me ocorreu que eu tinha escolhido não ouvir que era uma coisa importante para *ela*.

Nenhuma das nossas mães se empolgou muito quando contamos que tínhamos decidido fazer uma cerimônia de casamento. A mãe de Lucy estremeceu — talvez tenha sido o "Ah, *francamente*" mais honesto que disse na vida. Eu meio que entendia o ponto de vista dela. Ela estava mortificada com a noção de um casamento lésbico, preocupada que estivéssemos debochando de uma instituição tradicional e, assim, rejeitando seus valores. Quando pedi para ela me ajudar a escolher as flores para a ocasião, ela disse, secamente: "Tenho certeza de que você consegue escolher sozinha".

O ponto de vista da minha mãe de que cerimônias de casamento eram convencionais e comerciais — e que o casamento em si também não era lá grande coisa — parecia igualmente persuasivo. Estava tão constrangida quanto a mãe de Lucy pelo que estávamos sugerindo, preocupada que estivéssemos abraçando uma instituição tradicional e, dessa forma, rejeitando seus valores. "Como você consegue justificar gastar tanto dinheiro em um único dia?", ela quis saber. "Por que você se importa com a aprovação da sociedade?" Não era suficiente que a gente se amasse?

Não era. Eu queria mais que amor. Eu queria casamento. Ou, pelo menos, era isso que achava.

Nossa festa de casamento, que aconteceu na casa do meu pai e da minha madrasta na Virgínia, na grama úmida, com girassóis presos nas colunas das cercas, e a decisão de última hora dos pais de Lucy de se levantar de seus assentos com a ajuda de andadores e bengalas para levar a única filha ao altar, foi um dos melhores dias da minha vida — um dos dias brilhantes e perfeitos. Havia margaritas rosas e lanternas de papel penduradas nas árvores. Jesse, meu amigo mais antigo, e que cresceu na esquina da minha rua em Larchmont, estava lá, tocando "Crimson e Clover" no violão para iniciar a cerimônia. Emma também estava lá, com um vestido cor-de-rosa, atrás de mim, com Matt, mas, dessa vez, nenhum dos dois estava revirando os olhos. Todos os irmãos de Lucy vieram, até o criacionista. Minha mãe usou salto alto e maquiagem pela primeira vez de que eu me lembrasse. A mãe de Lucy lhe deu um lenço azul que sua própria mãe tinha lhe dado no dia de seu casamento em 1948.

"Algo azul", disse ela.

Eu tinha me preocupado com muitas coisas relacionadas ao casamento durante o período ridiculamente intenso e ocupado de comprar sapatos, preparar a lista de convidados e o estresse em relação ao tempo até chegar o dia em que caminhamos na frente de todos os nossos amigos e familiares e decidimos que estávamos casadas. (Casada com uma mulher, ou seja, casada de mentirinha, porque na época você só poderia fazer isso legalmente no Canadá, em São Francisco ou em Massachusetts, e qual o sentido de ser legalmente casada apenas quando você estiver no Canadá, em São Francisco ou Massachusetts?) Eu me preocupava, por exemplo, em ser "heteronormativa" — que é algo que eu dizia de piada, porque é uma palavra inventada da terra dos absurdos acadêmicos —, mas eu de fato não me importava de o casamento ser rígido demais, pelo menos não no senso de heterossexual demais. Eu me importava que o casamento fosse normal demais, americano demais, aprisionador demais para a minha fantasia de vida.

Não me ocorreu, porém, me preocupar com uma coisa que começou a acontecer quase imediatamente após o casamento: "Como vai sua mulher?". Sua *mulher*. As pessoas não me perguntavam isso com desprezo. Usavam a palavra para ser respeitosas, politicamente corretas e, até onde entendiam, estavam sendo precisas. Mas estava tudo errado. *Eu sou a mulher*, era o que eu queria dizer. *Eu sou a garota*.

Anos mais tarde, escrevi um perfil de Edith Windsor, a peticionária de oitenta e quatro anos no caso da Suprema Corte que ia derrubar a Lei de Defesa do Casamento e efetivamente legalizar a união gay nos Estados Unidos. Ela usava camisas de seda e colares de pérolas e o cabelo pintado de loiro. Uma noite, quando eu estava na casa dela em Long Island, e Edith andava de um lado para o outro de calcinha com estampa de oncinha, ela me contou algo sobre sua última esposa: "Toda vez que alguém a chamava de minha mulher, eu ficava furiosa!". Elas ficaram juntas por mais de quarenta anos. "Você pode dizer que ela é minha esposa ou minha sapatão. Mas não pode dizer que ela é minha mulher, isso é uma ofensa!"

Era exatamente como eu me sentia. Não era incidental para mim — para nenhuma de nós duas — que Lucy fosse masculina. Era Lucy que dirigia. Era ela que tirava as malas do carro. Ela que juntava as folhas no jardim. Ela que subia no telhado para limpar a calha. Era ela que decidia como investiríamos para a aposentadoria e, no fim das contas, estava claro que era ela quem ganharia dinheiro e seria responsável pela nossa segurança financeira. Eu nunca tirava o lixo, a não ser que Lucy estivesse viajando ou doente.

Eu era a nossa secretária social. Eu planejava nossos jantares e marcava consultas no dentista. Se havia algum problema entre nós, era minha obrigação trazer o assunto à tona e chegar a algum tipo de solução. Era eu que colocava nossas fotos nos álbuns e fui eu que decorei nossa casa e preparava o frango da minha mãe para o jantar. "Você já viu Lucy de vestido?", perguntou-me Emma uma vez. *Não seja ridícula!* Lucy de vestido pareceria uma *drag*.

Eu *sou a esposa. Lucy é meu marido.*

Nunca houve dúvidas de que, se decidíssemos ter um filho, seria eu a engravidar, e não era por eu ser a mais jovem.

Capítulo 7

Uma tarde, sentadas no chão da sala de estar na casa que compramos em Shelter Island, Lucy e eu fizemos um Plano. Desenrolamos um pedaço de papel de açougue e escrevemos uma linha do tempo de coisas que queríamos que acontecessem: SunUp, a empresa de planejamento e instalação de painéis solares que Lucy tinha acabado de fundar, abriria um escritório em Los Angeles em 2009. Eu me tornaria uma correspondente internacional em 2010. Comemos pipoca de um pote esmaltado laranja e fizemos ilustrações: uma palmeira ao lado da empresa de Lucy, um passaporte e uma caneta ao lado da minha carreira avançada. No espaço entre 2011 e 2012, tentei desenhar um bebê, mas acabou parecendo um dente com uma carinha sorridente. Lucy conseguiu consertá-lo e acrescentou um balão de fala no qual escreveu: "Eu sequer existo?".

Era verão, e vivíamos com todas as janelas e portas abertas; Paolo entrava e saía e nos olhava de cara feia. Com o dinheiro da casa de Lucy em Oakland, compramos a casa de um veterano do Vietnã que adorava lírios; ele nos contou que tentou cultivá-los no jardim da frente. Ele salpicou as plantas com sangue seco de coiote, que se compra em centros de jardinagem, para espantar os cervos, mas o cheiro o levou de volta aos campos de batalha, onde corpos apodreciam na grama. Quando nos mudamos, não havia flores.

Plantamos várias. Minha mãe tinha me ensinado tudo sobre plantas, sobre cavar a terra e sentir a umidade e a textura arenosa sob as unhas. Quando eu era nova, ela me ensinou a fazer um buraco grande o suficiente para sustentar as raízes de uma nova planta com muita terra nova e solta ao redor para que a planta pudesse crescer sem ter que lutar contra o chão duro. Meu pai amava jardinagem, principalmente nos lugares úmidos onde o musgo se espalhava e as samambaias se multiplicavam. Meus pais foram felizes no quintal dos fundos, acrescentando mais narcisos no outono, plantando mais arvorezinhas esperançosas. Quaisquer que fossem as decepções e crueldades que trocavam, eles se uniam em seu amor por cultivar coisas.

Lucy construiu canteiros elevados feitos com tábuas de cedro atrás da nossa casa, onde plantávamos tomates, ramalhetes e ervas-dos-gatos para Paolo, e tulipas que os cervos comiam antes que florescessem. Eu cavava buracos gigantescos atrás do deque para glicínias enormes e, com o passar dos anos, as vinhas engoliram as grades simples exatamente como eu esperava que acontecesse. No fim de maio, se você olhasse pela janela da cozinha, tudo o que via era um trançado de folhagem verde flutuando sobre o deque. Nunca penduramos cortinas nas janelas da frente; plantamos um muro de hidrângeas que ocultavam o quarto da frente com caules marrons e flores brancas. Podíamos andar pelo quarto nuas no verão sob o ventilador de teto e sentir o vento, o ar úmido na pele, e ninguém conseguiria nos ver, a não ser os pardais.

Quando nossa casa foi construída, em 1918, havia três cômodos cobertos com telhas de madeira, piso de tábua de pinho e uma lucarna no sótão. Depois, a cozinha foi construída nos fundos, com o dormitório que se transformou no nosso quarto, do qual conseguíamos ver um pedacinho de um riacho pela nossa janela. Havia dois quartos de hóspedes em frente com maçanetas antigas e arredondadas de cristal, e um banheiro velho entre os dois, no qual colamos cartões-postais e fotografias nas paredes. Fizemos uma oferta pela casa no dia em que a vimos, na primeira vez que Lucy colocou os pés em Shelter Island.

Ela amou tudo no lugar: o lixão da cidade, onde você tinha que ir porque não havia coleta de lixo; o correio, onde você precisava ir para pegar sua correspondência porque não havia serviço de entrega. Tarefas que eram obsoletas na cidade grande uniam os vizinhos da ilha em uma espécie de intimidade benigna que fazia Lucy se recordar da própria infância, e me lembrava de um livro que eu amava, sobre uma família de ursos que vivia em harmonia em casas da árvore na floresta. As pessoas não trancavam as portas. Uma placa pendurada atrás do bar na hospedaria Chequit dizia DE ALGUMA FORMA, ESSA ILHA PEQUENA E FORTE VAI SOBREVIVER.

Finalmente havia espaço — para tudo! Os tacos de golfe de Lucy adquiridos em um bazar de garagem. A colcha com estrelas amarelas que ganhamos da minha madrasta. Livros que já tínhamos lido, que ainda não tínhamos lido, que nunca íamos ler, todos em prateleiras. As coisas que sempre ficaram na casa dos nossos pais enquanto seguíamos nossa vida de jovens adultas, morando em lugares pequenos nas cidades grandes, levamos para aquela casa, e isso era um conforto para nós. Estávamos em casa.

Durante as manhãs, eu escrevia sentada à minha escrivaninha, olhando para as hortênsias, e Lucy ficava sentada à bancada da cozinha em um dos bancos laranjas, fazendo ligações e trabalhando no computador. Enquanto eu escrevia, ouvia o som do gelo no seu café gelado e a ouvia falando com as pessoas no telefone. "Tivemos muito sucesso com esse tipo de instalação." Ela explicava como os painéis solares funcionavam; quanto tempo levava para a economia de energia amortizar os custos de instalação. Ela parecia confiante e inteligente. Às vezes eu ficava assustada por ela ter investido todas as suas economias em uma empresa construída do nada. Outras vezes parecia o início de uma vida aperfeiçoada.

Eu tinha trinta e dois anos — que, na verdade, pareciam uma extensão dos meus vinte anos. Eu me sentia tão jovem quanto a primavera. Quando minha mãe tinha essa idade, ela já era mãe, depois de tentar por cinco anos. Mas as coisas eram diferentes agora. Nenhum dos meus amigos próximos tinha filhos. Nem Emma, minha quase irmã gêmea, que tinha se mudado para Los Angeles para virar atriz e viver cercada de vegetação sobrenatural em um apartamentinho na Whitley Avenue. Nem Matt e Jesse, meus amigos de infância; eles trabalhavam em websites durante o dia e tocavam com suas bandas em bares no Lower East Side à noite. Todos nós ainda bebíamos muito. Todos nós presumíamos que ainda tínhamos tempo para nos reinventar.

O sonho do duvidoso bebê em forma de dente que desenhei podia permanecer em segurança no futuro. O importante era ser casada, e eu já tinha conseguido isso nos meus termos presunçosos e não tradicionais. Era impróprio quão bem-sucedida eu me sentia.

As mulheres da minha geração receberam do feminismo o presente generoso de sermos donas do nosso próprio nariz — uma crença de que poderíamos decidir, nós mesmas, como queríamos viver e o que nos tornaríamos. Escritoras podem se sentir particularmente suscetíveis a essa percepção, porque estamos acostumadas com o poder da autoria. (Mesmo que escreva não ficção, você ainda controla como a história se desdobra.) A vida estava de acordo com a minha história.

Havia sombras que eu via de canto de olho e que pareciam problemas esperando para se tornar reais, mas com as sombras nunca se sabe.

Capítulo 8

"Meu Deus", disse meu pai quando liguei para contar que eu tinha sido contratada para escrever para a *The New Yorker*. "Agora você não tem mais para onde ir, só para baixo."

Ninguém conseguia acreditar. Meu novo chefe me mandou um buquê de flores tropicais exóticas com um cartão: "Bem-vinda à casa da árvore secreta. Pra variar, David Remnick". Eu o li em voz alta para Lucy, e ela perguntou: "Tem certeza de que ele não escreveu 'Até logo'?".

Tudo aconteceu rápido. Conheci Remnick em uma festa de lançamento de uma antologia de ensaios para a qual contribuí com um texto sobre Hillary Clinton, que ainda não tinha perdido a nomeação como candidata democrata à presidência para Barack Obama. Mas, para mim, *Remnick* era o presidente. Ele era o guardião de um reino tão rarefeito que eu mal aspirava entrar.

— Qual é a sua? — perguntou-me ele quando fomos apresentados. — Você pode escrever alguma coisa para nós?

Eu entendi que ele estava falando sobre um único artigo, uma audição. Mas eu teria que largar meu emprego na revista *New York* para fazer isso, o que, com certeza, estava fora de questão.

— Bem, você pode me contratar — ouvi-me responder. — Mas não vamos dar uma rapidinha.

Assim que isso saiu da minha boca, eu quis desaparecer. Mas Remnick riu.

Marcamos um almoço em um restaurante japonês perto do escritório dele algumas semanas depois. Eu estava tão nervosa que comecei a suar muito, como Albert Brooks em *Broadcast News* — tanto que, quando o garçom chegou com as toalhas quentes, Remnick disse: "Tire isso de perto dela!".

Ele me perguntou o que eu achava que a *The New Yorker* precisava, e respondi que a revista era perfeita.

Remnick revirou os olhos.

Então, expliquei para ele que eu achava que, se alienígenas só tivessem a *The New Yorker* como referência, concluiriam que os seres humanos não ligavam muito para sexo, mas, na verdade, se importam muito. Eu estava prestes a comer alga marinha quando algo — algo verdadeiro e certo — me ocorreu: *eu* escrevo sobre sexualidade e gênero. Eu escrevo matérias sobre mulheres que são *excessivas*. A ideia de me contratar de repente me pareceu quase razoável.

Contei para Remnick sobre o perfil que eu queria escrever sobre uma mulher chamada Lamar Van Dyke. No auge do movimento feminista nos anos 1970, ela foi a líder de uma gangue de lésbicas separatistas — as "*Van* Dykes" — que decidiram viver em seus ônibus da Volkswagen, cruzando as estradas da América do Norte, parando apenas nas "terras exclusivas das mulheres", de onde os homens tinham sido banidos. Havia muitos grupos separatistas com acampamentos na época, o Gutter Dykes, em Berkeley; o Gorgons, em Seattle; o Furies, em Washington, D.C.; o Radicalesbians, em Nova York, com o meu favorito: o New York Lesbian Food Conspiracy. Todos eles com a mesma noção básica: por que capitular, por que se comprometer, quando você pode se separar? Viver em um mundo que você inventou, de acordo com as regras que você definiu.

As Van Dykes tinham determinado que os Estados Unidos sofriam de um "envenenamento por testosterona" e juraram que só falariam com homens que fossem garçons ou mecânicos. Elas se recusavam a usar os sobrenomes dados pelos maridos e pais. Em vez disso, todas mudariam os sobrenomes para Van Dyke e viajariam para um amanhã glorioso e livre. Era perfeito: "Van Dyke" era autoexplicativo, já que é um sinônimo para lésbicas, era sonoro, forte e proclamava para o mundo "Eu sou lésbica de verdade". Elas tinham um sonho de que um dia, em algum lugar, um *maître* chamaria "Van Dyke, mesa para quatro?", e dezenas de lésbicas iam se levantar, para o horror dos heterossexuais do recinto. (Provavelmente o aspecto menos realista da fantasia delas fosse a noção de que haveria, em qualquer restaurante, em qualquer época, *dezenas* de lésbicas esperando uma mesa.)

Foi a primeira matéria na qual trabalhei depois que fui contratada. Fui para Seattle e passei dias ouvindo as histórias de Lamar na casinha estranha em que ela se estabeleceu depois de deixar a estrada: ela a decorou com bolas de boliche, uma cadeira *vintage* de barbeiro, cristais roxos e pinturas enormes e claras de pessoas-pássaro de aparência sinistra. Ela tinha mais de um metro de oitenta e um corte de cabelo parecido com o de Johnny Cash, além de tatuagens que cobriam os dois braços, muitas das quais feitas por ela mesma. Lamar era a lésbica mais máscula que eu já tinha conhecido, um mulherão que mais parecia uma pirata. Como ela mesma diz: "Se você olhar para mim, não vai ter a menor dúvida: sou uma dyke, sapatão. Sou gay. Se você não acha, tem alguma coisa muito errada com você". Mas ela não era só durona, ela era *divertida*. "A brincalhona do movimento feminista", como um dos seus ex-maridos a descreveu (houve três antes de ela descobrir o lesbianismo).

Foi uma história sobre como a contracultura dos anos 1960 e 1970 prometeu uma vida de rebelião radical, e o que aconteceu depois que o romance da revolução esfriou. "Casamento gay e gays nas forças armadas?", perguntou-me Lamar, incrédula e desanimada, em determinado momento. "Sua geração quer se encaixar", acusou ela (de um jeito que não considerei injusto). "*Eu quero ser exatamente como você*, esse é o lance de vocês. Essa é última coisa que eu quero." Ela sacudiu a cabeça. "A gente não ficava por aí olhando para nossos telefones ou nosso computador ou assistindo à TV. A gente não ficava parado olhando para *telas*. A gente não ficava esperando que uma tela nos sinalizasse alguma coisa. A gente estava na estrada, fazendo o que bem entendesse."

Fiquei envergonhada, porque é claro eu *estava* em um casamento gay. Eu *realmente queria* me encaixar. E eu não tinha nenhuma tatuagem. Mas também fiquei feliz porque essa história de insurreição seria contada não em um livro acadêmico sobre estudos feministas ou em um website sobre a história da homossexualidade, mas na revista *The New Yorker*, podendo ser lida por centenas de milhares de pessoas do mundo inteiro que ficariam surpresas por encontrar a matéria publicada ali.

Se eu admirava o estilo de vida radical Van Dyke, também desejava algo que elas tinham recusado categoricamente: dinheiro. Para uma garota de Larchmont, eu tinha um senso de urgência peculiar para me isolar de um tipo de privação sobre a qual só tinha lido em livros e ouvido Tanya, minha avó russa especialista em panquecas, falar. Desde que consigo me lembrar, sinto que os guetos para judeus, os *shtetl, me* perseguem.

A família da minha avó fugiu da Rússia para Cuba no casco de um navio. Tanya sempre fala de sua infância em Havana, correndo pelos telhados, o som suave da língua espanhola subindo das ruas abaixo. A família se mudou de novo, para Chicago, em 1932, e quando ela tinha dezenove anos, casou-se com meu avô, Albert — Big Al —, um sefardi de pele dourada cujos pais imigraram para os Estados Unidos da Turquia e da Grécia.

Vovô Albert se via como um sujeito esperto e perspicaz. Gostava de ver do que conseguiria se safar. "Cara ou coroa?", perguntava para os filhos, e então apostava suas mesadas, o dobro ou nada. Ele acreditava que a oportunidade estava sempre à espreita. Certa vez, um homem com quem Al fez negócios em Chicago lhe deu ingressos para um jogo de beisebol: o homem ofereceu a Al o seu Cadillac e um bom terno para a ocasião. Al levou um tiro quando saía do jogo vestindo roupas que não eram suas, atrás do volante de um carro que não era seu.

Depois que teve filhos, Albert abriu uma loja de variedades na rua principal de Racine, Wisconsin, chamada Premium Sales. Ele não conseguia resistir a um carregamento de tomates roubados ou um contrabando de rádios transistores de origem duvidosa. A Premium Sales acabou com um estoque confuso de mercadorias como resultado. Havia tranças ornamentais de alho artificial, moedas de ouro e joias, cravos artificiais que espirravam água, capachos de porta com bandeiras de vários países, bonecas Madame Alexander, que minha mãe cobiçava quando criança. A amante de Albert, Dolly, trabalhava na loja. Minha mãe se lembra de Albert levá-la à casa de Dolly na manhã de Natal para entregar presentes.

Assim como o homem que minha mãe escolheria anos depois para seu próprio adultério, vovô Albert tinha negócios suspeitos, mas era carismático e podia ser perdulário: quando vinha visitar, se tivesse dinheiro, nos levava para comer lagostas e filé mignon. Ele tinha uma tampa de vaso feita de plástico transparente embutida com moedas de um centavo, 25 centavos e de um dólar de prata. Tanya tinha certeza de que tinha deixado a pobreza para trás quando Big Al estava no auge dos seus negócios com a Premium Sale: ela tinha vestidos de seda e usava perfume francês; em determinado momento, teve até um casaco de pele.

Mas Al não era o homem de negócios experiente que ele mesmo imaginava ser. Depois que entrou com um pedido de falência, agentes vieram pegar seus bens valiosos para revender, e Tanya se viu escondendo as joias no sutiã, como sua mãe lhe ensinara quando saíram de Cuba, os brincos de pérolas espetando seus seios novamente. Ela pegou tudo que conseguiu, e eles deixaram a mansão térrea em Racine para morar em um apartamento em Chicago, até que este também ficou fora do alcance deles.

Albert morreu falido, mas contente, seus arrependimentos e desejos apagados pelo Alzheimer. Desde então, Tanya passou a viver com doações dos três filhos em melhor condição entre os cinco que teve, em um asilo perto da casa da minha mãe em Cape Cod. Ela está cercada de senhoras irlandesas e católicas que cresceram e criaram a família na região, algumas que nunca nem saíram da Nova Inglaterra. Tanya fica entediada e se sente isolada, apesar dos esforços da minha mãe para distraí-la. Minha avó achou que ia envelhecer em Chicago, em uma comunidade de imigrantes judeus da Rússia, Polônia e Romênia, como ela — falantes de iídiche com quem poderia ir ao teatro no ônibus para Marshall Field. Em vez disso, ela voltou para a sensação de escassez que conheceu na infância. Aos noventa e quatro anos, Tanya ainda fala sobre seu falecido marido com nojo rançoso.

"Olhe só para sua avó", dizia minha mãe. "Nunca queira depender de um homem." O medo de acabar como Tanya, cortando cupons em um quarto cercada por estranhos, me tornou uma pessoa vigilante como meus pais, ansiosa pela chance de que a pobreza dos nossos ancestrais estivesse a apenas um passo errado de distância.

Lucy também queria ficar rica. Ela cresceu do mesmo modo que eu, tendo o próprio quarto em uma casa com jardim e gramado, mas com uma sensação de que a ruína estava a uma distância segura. Agora ela queria recobrar os privilégios da infância, jogar golfe no clube e ir esquiar com os irmãos no inverno. "Mas o que eu mais quero é experimentar o sucesso de novo", disse-me ela. "Quero sentir do modo que eu me sentia como atleta." Ela foi a estrela do time de basquete do ensino médio. Ganhou o campeonato estadual e foi recrutada para jogar em uma universidade da Ivy League. Quando foi tirada do time ainda caloura, isso acabou com ela. Lucy ficou com os olhos marejados ao me contar a história.

Ela queria se redimir com sua empresa. "Imagine se houvesse painéis solares em todos os edifícios de Manhattan", disse ela, "depois Los Angeles e, por fim, todas as cidades do país." O mundo seria um lugar um pouco melhor, ela venderia seu negócio, e ficaríamos ricas.

Estava claro que era necessário que eu e ela fizéssemos a transição da nossa juventude ébria de doses de uísque às três da manhã para a vida adulta e sofisticada de um pouco de vinho no jantar. Precisávamos fazer esse progresso para acompanhar nossa linha do tempo, eu argumentava, para cumprir nossas metas. Ela jamais conseguiria dominar o mundo das empresas verdes se estivesse de ressaca. Eu tinha um emprego na *The New Yorker* agora, pelo amor de Deus — eu não tinha mais para onde ir, a não ser para baixo.

Mas isso nem era o motivo principal. *E se eu quiser um filho?* Para que isso fosse uma opção, tínhamos que parar com a bebedeira.

Eu estava cheia de estratégias: vamos beber apenas nos fins de semana. Vamos ter uma regra de no máximo duas doses. Não vamos beber em casa. Só vamos beber em casa. Não vamos tomar bebidas fortes. Eu ficava um pouco irritada por Lucy parecer menos comprometida — ou nem um pouco comprometida, na verdade — com meu projeto. Ela ficava irritada por eu estar fazendo regras e mudando-as e nem sempre as respeitando.

Meu segundo trabalho para a *The New Yorker* foi em Paris. Eu já tinha ido para lá uma vez, mas toda a pesquisa e preparação que fiz se provaram inúteis durante a viagem: cheguei ao aeroporto Charles de Gaulle e imediatamente peguei o ônibus errado, indo parar do lado errado do Sena, depois entrei em um táxi que me levou para o hotel errado e custou todo o meu dinheiro. Então caí no choro em um banco de praça onde um pombo francês cagou na minha cabeça. Por isso, fiquei desproporcionalmente feliz quando DJ, um velho amigo de Lucy, disse, um pouco antes de eu partir para fazer minha matéria, que ele tinha tempo e milhas para ir comigo à França — tinha acabado de terminar com o namorado e precisava muito se distrair.

Dessa vez, o tempo estava luminoso. O mapa fazia sentido. Ficamos em um quartinho no elegante Hôtel Montalembert, em Saint-Germain-des-Prés, no qual a revista tinha me hospedado. Havia uma garrafa de champanhe gelado ao lado da cama quando chegamos; eu insisti que era uma cortesia, mas DJ não permitiu que bebêssemos. "Não toque nisso", disse ele. "É um dos truques deles."

Adorávamos ser confundidos com um casal pelo pessoal do hotel. "Seja uma boa esposa", dizia DJ no café da manhã, "e vá pegar mais um *saucisson* para mim." Quando eu não estava trabalhando, DJ e eu passeávamos pelas ruas e nos sentávamos nos parques, conversando sobre arte e sexo e as diferenças entre homens e mulheres, gays e heterossexuais, os comprometidos e os promíscuos.

EU

Acho que você está idealizando um relacionamento. Isso não vai resolver todos os seus problemas.

DJ

Eu tenho muitos problemas?

EU

Ah, fala sério. Mas Lucy e eu também temos. Só que nossos problemas são diferentes. John Updike escreveu que o casamento é como duas pessoas trancadas com uma lição para ler, de novo e de novo, até as palavras perderem sentido.

DJ

Acho que meu pinto acabou de cair.

EU

Não, está tudo bem. Eu não preciso dizer a você como Lucy é maravilhosa. Só estamos em um inferno que nós mesmas criamos na metade do tempo.

DJ

Então é assim que é estar casado.

EU

Se tiver sorte.

Procuramos o amigo dele, Sacha, que preparou um jantar para nós em seu apartamento frio e moderno perto de Montmartre, o que nos alegrou muito porque significava que estávamos vendo a *verdadeira* Paris. E eu adorei como Sacha me paquerava de forma descarada. Fez com que eu me sentisse bonita e forte.

SACHA

Minha namorada está me enlouquecendo. Você não entende como são as coisas entre um homem e uma mulher, DJ.

DJ

E daí, Sacha? Estou completamente sozinho no mundo, a não ser por minha esposa de mentirinha aqui.

SACHA

Eu queria que ela fosse minha esposa de mentirinha.

EU

Eu já sou a esposa de mentirinha de Lucy.

Em uma tarde, DJ e eu fomos ao Museu Nacional de História Natural porque Sacha nos disse que havia uma taxidermia incrível lá. Hordas de crianças francesas chiques e barulhentas corriam em volta de elefantes e linces empalhados, uma procissão semelhante à da Arca de Noé de todas as criaturas, grandes e pequenas, empalhadas.

DJ

Às vezes, fico olhando as crianças rindo e brincando e penso: que bom que eu não tenho filhos.

EU

Isso seria inconveniente nesse momento.

DJ

Eu não entendo por que as pessoas fazem isso com elas mesmas! Eu sinto pena de pessoas com filhos.

EU

Eu não sei, acho que seria legal. Ter outra pessoa na família que surgiu do nada? Que você *fez*?

DJ

Não é um bonequinho. Isso muda sua vida inteira.

EU

Não sei se isso seria ruim. *Isto* [apontando para mim mesma] não pode ser tudo que existe.

DJ

Bem, *isto* [apontando para si mesmo] pode. Estou muito decepcionado com você.

Bem, o que fiz com as coisas que Lamar Van Dyke me disse em Seattle foi escrever uma história — dando um significado e impondo uma narrativa com as informações que juntei. É isso que faço. É isso que estou fazendo agora. (Foi isso também que DJ e eu fizemos quando voltamos de Paris: escrevemos uma peça de teatro sobre nossa viagem e, por um breve período, estávamos convencidos de que ficaríamos ricos e famosos ou que, pelo menos, poderia virar um filme para TV em algum canal gay da TV fechada. Nada disso aconteceu.) Na narrativa na minha cabeça, aquela viagem com a garrafa de champanhe no gelo derretido no Hôtel Montalembert aconteceu quando minha vida ainda se encaixava, e meu casamento não tinha buracos. Se essa é *a* verdade ou simplesmente *a minha* verdade, se tudo poderia ter sido diferente caso eu apenas pudesse voltar para aquele quarto de hotel e alertar a minha versão mais jovem, jamais saberei.

Capítulo 9

Um dia você é muito jovem e, de repente, tem trinta e cinco anos, e chegou a Hora. Você precisa se reproduzir, é agora ou nunca. A essa altura, muitos dos meus amigos já estavam trabalhando em suas ambições reprodutivas por um tempo.

Elisa tentou por seis anos difíceis, indo ao consultório médico todas as manhãs para fazer exame de sangue e medir a linha do útero. Ela parecia mal o tempo todo e não falava sobre mais nada. A natureza *devia* isso a ela: ela queria ser mãe, o que era seu direito mais básico como mulher que sangrou uma vez por mês durante vinte anos. Quando ela finalmente descobriu que estava grávida, correu para o escritório do namorado e o tirou de uma reunião, e eles ficaram dando pulinhos de felicidade e alívio. Um mês depois, desmaiou no consultório do médico quando foi informada de que era uma gravidez ectópica.

Erika gastou todas as suas economias em tratamentos de fertilização *in vitro*. A cada dois meses, mais vinte mil dólares eram sugados. Saíamos para longas caminhadas pelas margens do Hudson, e ela chorava amargamente, furiosa consigo mesma por ter esperado tanto tempo, furiosa com o próprio corpo por estar lhe negando o filho que ela queria desesperadamente gerar. O final dos seus vinte anos e o início dos trinta de repente pareceram ter sido desperdiçados com tudo o que fez durante esse tempo em vez de engravidar.

Samantha foi a que ficou mais louca enquanto tomava injeção de hormônios. Estava sempre à beira da histeria e completamente obcecada em ter um filho — algo que, alguns meses antes, lhe deixava bastante ambivalente. Ela odiava agulhas. Ela odiava aguardar na sala de espera cheia de mulheres desencorajadas que estavam desperdiçando tempo e dinheiro perguntando-se, cada vez mais em pânico a cada tentativa fracassada: *será que perdi minha chance?*

Para todas elas, parecia que nada mais importava. Apenas a maternidade tinha significado.

Nossas capacidades reprodutivas nos são primeiramente apresentadas quando estamos entrando na adolescência. Esperamos a primeira menstruação com muita animação! Eu costumava trocar absorventes com minha amiga Mitsu Yashiro como se fossem adesivos — nossas mães compraram caixinhas de absorventes para que estivéssemos preparadas para o grande dia. Ficávamos maravilhadas com as diversas texturas macias, os formatos variados e as promessas que continham: o futuro está chegando. Isso era ainda mais excitante do que o frisson da nossa sexualidade que florescia. (Mas, então, estranha e repentinamente, chegou: o poder de atrair atenção erótica, um tipo particular de admiração. Um tipo que fazia você se sentir feminina, elegante até. Espalhafatosa demais, assertiva demais, excessiva demais, *masculina demais* era o que eu ouvia, durante anos, dos meus professores, dos meus colegas, dos meus familiares. Mas, com a chegada desse novo poder, eu era totalmente mulher.)

Depois da felicidade inicial dos muitos protetores de calcinha, seios crescendo, quadris se alargando, nós nos deparamos com a tarefa contínua de gerenciar nossa fertilidade. Ensinavam-nos — se fôssemos privilegiadas — que a gravidez era algo horrível que acompanhava o sexo, assim como a aids e verrugas genitais, a não ser que usássemos preservativos (e, mesmo assim, tínhamos que ter muito cuidado). Ficou claro que doenças sexualmente transmissíveis e gravidez na adolescência não eram algo para nós: usaríamos métodos anticoncepcionais e iríamos para a faculdade, e se por algum motivo engravidássemos cedo demais ou do homem errado poderíamos fazer um aborto. Não se falava sobre a possibilidade de podermos querer engravidar *tarde* demais.

A partir do momento em que o dragão da nossa fertilidade entrou em cena, aprendemos a aprisioná-lo e esquecê-lo. A fertilidade não significava nada para nós aos vinte anos; era algo a ser preso em uma masmorra e largado lá para mofar. Quando chegamos aos trinta, nós nos lembramos de sua existência e nos perguntamos se não seria bom darmos uma olhada naquilo e, então — de forma abrupta e terrível —, tudo ficou urgente: achem o dragão! Era hora de soltá-lo, prepará-lo para a ação. Mas o monstro não ficou mais forte durante as décadas de hibernação. Quando tentamos acordá-lo o dragão já estava fraco e decaído. Velho.

No entanto, com a ciência moderna, ele poderia ser ressuscitado, poderia cuspir fogo novamente! Poderíamos ir a clínicas e hospitais; poderíamos inundar os consultórios e encher os cofres dos endocrinologistas reprodutivos e ginecologistas obstetras e logo olharíamos para cima e veríamos um céu cheio de dragões de quarenta anos voando. (Então, olharíamos para baixo e veríamos as calçadas cheias de carrinhos duplos com gêmeos.) As injeções e as pílulas, as ultrassonografias e os exames, a microinjecção intracitoplasmática e a ovulação induzida, os tratamentos de ponta oferecidos pela tecnologia moderna eram métodos deprimentes que pareciam, ironicamente, medievais. Mas surgiram com uma onda de excitação. Porque estávamos brincando com um poder muito maior do que nossa sexualidade: estávamos brincando com a própria natureza.

* * *

Enquanto minhas amigas indignavam-se com a própria incapacidade de ter filhos, eu me sentia atormentada por um tipo diferente de ganância primitiva. Eu tinha um desejo sexual avassalador — eu o sentia e era viciada nele. O mundo todo se resumia a um único ponto para mim, exatamente como seu campo de visão se fecha quando você está com enxaqueca. E o ponto era sexo.

Quando retomei o contato com minha antiga amante na manhã dos leões na África do Sul, descobri que ela tinha mudado. "Se você me vir, talvez não me reconheça mais", escreveu-me ela. Ela tinha "feito a transição" para se tornar um homem. Fiquei chocada.

Quando namoramos, Jen nunca tinha dito nada sobre não se sentir do sexo feminino — eu até havia achado no início que ela não era masculina o suficiente. (E então fiquei chocada ao descobrir que, embora ela não parecesse em nada com alguém por quem eu sentiria qualquer tipo de atração, havia uma química entre nós que continuava me atraindo, independentemente do fato de eu aprovar suas escolhas ou não.) Quem ela seria como homem? O que isso significava? Eu precisava ver.

A transformação tinha sido surpreendente. Em vez da garota com rosto felino e caminhar ondulante da qual eu me lembrava, ela — ele — se transformara em um jovem bonito com rosto anguloso e ombros fortes. Ele tinha barba no rosto. A voz era profunda e confiante, nem um pouco parecida com o som que saía de sua boca quando ainda se chamava Jen. Seu nome era Jim agora. Mas eu errava o tempo todo: ficava chamando o homem diante de mim em um banco de parque em Greenwich Village pelo nome da garota que eu conhecera anos antes. E com quem tinha terminado tudo porque ela me assustava.

Fosse lá o que tivesse oferecido a Jen, era sempre insuficiente. Se estivéssemos juntas e eu dissesse que precisava ir embora, ela invariavelmente dizia que ia na mesma direção e queria me acompanhar aonde quer que eu estivesse indo. Às vezes, ela ligava e dizia que estava no meu bairro, e se eu dissesse que estava trabalhando, ocupada ou o que quer que fosse, ela pedia para subir para usar o banheiro, tomar um copo d'água ou qualquer outra coisa que me tornaria cruel e irracional caso eu recusasse. Sempre que possível, eu ia ao apartamentinho dela, em vez de convidá-la para ir ao meu, porque, desse modo, eu tinha a possibilidade de ir embora; quando ela ficava no meu apartamento, eu sentia um pânico crescente sempre que eu queria que ela fosse embora, porque sabia que isso envolveria uma negociação longa e, provavelmente, uma briga.

Esses exemplos parecem bobos. Mas tudo com Jen tinha uma força oculta e perturbadora, porque seu impulso fundamental era forçar até encontrar resistência e, depois, derrubá-la com tudo. Ela *gostava* de ser invasiva, intrusa, conquistadora: descobrir do que a pessoa não queria abrir mão e tomá-lo de qualquer forma. O que ela mais queria não era passear comigo ou vir ao meu apartamento. Ela queria mesmo era me controlar.

Quando as luzes se apagavam, não havia nenhum problema. Era como se Jen tivesse acesso a um manual do meu corpo e do meu cérebro que ninguém sabia que existia. Eu a achava censurável em relação a todos os padrões normais, mas a maneira como nos conectávamos não era normal: era estranho, extremo, intimidante. "Eu gosto daquele vestido", disse-me ela certa vez, sobre uma saída de praia azul que eu costumava usar quando passeava por East Village como se fosse uma roupa normal. "Comprei para você", contei. Quando o experimentei em uma loja na East 7th Street, eu soube, no instante em que me olhei no espelho, que estava diante da versão de mim mesma que ela desejava. Eu o usava sempre.

Aqui, agora, sentada diante de mim usando calça jeans e camisa de flanela, tomando café em um copo descartável de papel, estava aquela pessoa — mas sem seios, sem parecer estar à beira do desespero. Ele (ela?) tinha se soltado das amarras, era novo em Nova York e perplexo com quem poderia ser. Eu tinha sido algo a que poderia segurar, com força demais, admitiu.

As hortênsias à nossa volta no Jefferson Market Garden estavam começando a perder a cor do verão. Jim parecia calmo, seguro e controlado, uma versão melhorada da pessoa que costumava ser de todas as formas. Era como um arbusto desajeitado que morreu no inverno e ressurgiu, lindo, na primavera.

Quando cheguei em casa, me perguntei se o que quer que tivesse acontecido em termos cirúrgicos e hormonais (não entrei em detalhes) poderia ter curado a loucura dele. Se *eu* tivesse nascido em uma forma em que não me encaixava, será que eu não teria ficado — ou parecido — louca? O sexo costumava transformar o que eu não suportava em Jen no que eu mais desejava nela. Talvez uma mudança de sexo tivesse transformado várias deficiências de Jen em pontos fortes de Jim, do mesmo jeito que isso transformou seus ombros femininos em ombros fortes de um homem.

Não contei a Lucy sobre Jim. Não contei porque, mesmo que eu tivesse decidido não vê-lo mais (e, depois de trocarmos vários e-mails, decidido que jantaria com ele apenas uma vez), eu sabia, de alguma forma, desde o momento em que retomamos o contato, que estava prestes a fazer algo terrível.

A diferença entre o caso de Lucy comigo e meu caso com uma pessoa que eu tinha certeza de que nunca amaria é que Lucy achou que eu era uma escada para sua nova vida. Eu achei que estava tendo um devaneio obsceno. É a visão de Lucy que parece fantasia — como uma crise da meia-idade, quando você considera que ela já estava na casa dos quarenta, e eu ainda nem tinha trinta, e que nos apaixonamos à primeira vista. Mas foi a minha visão de infidelidade que acabou sendo ilusória.

Eu achei que poderia ser como um francês com uma amante em um filme... que eu sairia, de vez em quando, da minha vida por algumas horas glamorosas e, depois, voltaria para ela, sem consequências ou com a única consequência sendo a minha própria satisfação (ou uma redução da minha insatisfação). Eu correria para a estação de metrô da West 4th Street, inventando mentiras sobre aonde eu estava indo durante todo o caminho para o caso de encontrar algum conhecido. Eu faria o emocionante passeio pela Manhattan Bridge no trem B enquanto olhava a Estátua da Liberdade pela janela, sentindo-me deslumbrante, traiçoeira, lasciva, condenada.

Minha mãe tinha feito tudo errado: trazer aquilo para dentro de nossa casa, onde ficava deitado sobre uma pilha de cobertores no chão da sala de televisão, assustando todo mundo, corrompendo tudo? Era um equívoco. Algo impensável. Mas eu compreendia agora seu dilema. Eu desejava o que ela tinha desejado, o que todos desejamos: tudo. Desejamos um companheiro com quem nos sentir em família e um amante que seja exótico e surpreendente. Queremos ser jovens aventureiras e mães de meia-idade. Queremos intimidade e autonomia, segurança e estímulo, tranquilidade e novidade, aconchego e emoções. Mas não podemos ter tudo.

No início, Lucy não notou. Estava preocupada com a empresa. Ansiosa consigo mesma o tempo todo, relutante de se comprometer com qualquer plano que a tirasse da vigília da tela do computador, diante da qual ela se sentava por horas, vibrando de ansiedade. Quando ela não estava trabalhando nem preocupada com o trabalho, bebia até cair inconsciente no sono misericordioso.

Mas e quanto a *mim*? Eu, eu, eu, eu, eu?

Virginia Woolf escreveu que "mostrar-se, o que não é necessariamente copular, nem estar apaixonado, é um dos grandes prazeres, uma das principais necessidades da vida. Só nesse momento, todos os esforços se acabam; a pessoa deixa de ser honesta, deixa de ser inteligente. A pessoa se transforma em algo absurdamente prazeroso e efervescente como água com gás ou champanhe, através do qual se vê o mundo tingido com todas as cores do arco-íris". Minha mãe radiante ao brindar com copos cheios de refrigerante. Eu de short vermelho em São Francisco — a namorada valorizada e jovem de alguém, não a esposa negligenciada e complicada de alguém.

Ego. O brilho do ego de alguém inflado pelas bolhas do ardor de outra pessoa, o ardor que um cônjuge de muitos anos raramente consegue demonstrar ou com que talvez simplesmente não se importe.

Ego, com certeza, mas também sexo. Sexo transporta você — de alguma forma! — por um portal para outro mundo. Não apenas este mundo, no qual você é essa pessoa, só que cheia de desejos: para um novo mundo, no qual um novo eu, que não tem nada (mas tem tudo) a ver com quem você realmente é, aparece. Um mundo com sua própria lógica de sonhos na qual as coisas mais estranhas são desesperadamente eróticas — não há previsibilidade nem explicação; a razão, assim como a própria língua, não tem lugar. Gênero também não significa nada. Não tem significado no senso acadêmico torturado de ser "desconstruído". Aqui, gênero simplesmente está fora de questão. (As pessoas às vezes me dizem que se sentem confusas pela bissexualidade: estão convencidas de que transar com mulheres é totalmente diferente de transar com homens. Mas não é. Não mais do que transar com *qualquer pessoa* é totalmente diferente de transar com outra.)

Razão, língua, gênero — assim como lealdade, moralidade, decência — simplesmente não são moedas no mundo carnal. Esse mundo é neutro em relação a valores. Esse mundo é às avessas.

Sexo que consegue esse tipo de transfiguração é como uma droga. Não é fácil de se abster uma vez que você sabe exatamente onde consegui-lo. Quando eu ia àquele apartamento em um andar alto no Brooklyn, a luz estava sempre platinada, e tudo parecia aceso lá dentro. Era como se eu tivesse tropeçado em uma porta que separa a vida normal de como ela poderia ser.

Tudo era possível: uma mulher podia virar homem — um homem rico, aliás, embora aquilo não fizesse muito sentido para mim. Jim não tinha um emprego nem uma carreira de verdade, mas morava em um apartamento deslumbrante de três quartos e vista para a Brooklyn Bridge e a Estátua da Liberdade. (Quando namoramos muito tempo antes, Jen morava em um apartamento ruim, assim como eu. Nós duas trabalhávamos até tarde, amarradas às nossas mesas, e precisávamos ter cuidado com nossos gastos. A explicação dele para sua mudança de situação foi fazer bons investimentos. Acho que ele teve acesso à fortuna da família, algo de que eu me ressentia e que desdenhava. Do que eu gostava muito, por outro lado, era ter uma pessoa para pagar a conta.) Eu podia ser casada, mas tinha uma segunda vida completamente diferente, em um lugar diferente, com outra pessoa com quem eu tinha pouquíssimo em comum além do desejo.

Todas as vezes eram transcendentes. Mas, então, comecei a não querer ir embora depois de vestir minhas roupas. E, então, fiquei destruída.

Lucy trazia uma xícara de café na cama de manhã, e eu sentia a verdade abrasadora de como eu tinha sorte de viver com essa pessoa, de ter essa aliada na vida.

Mas eu não conseguia parar de pensar em outra pessoa.

Era insolúvel e atordoante. Eu estava escrevendo e lendo sobre boxe feminino na época, e fiquei impressionada com a descrição de Joyce Carol Oates de duas lutadoras se agarrando no ringue: elas formam "um tipo de nó, apertado, amarrado com crueldade, ali para ser desfeito. Você não consegue, mas é obrigado a desfazê-lo. Você é obrigado, mas não consegue". Eu tinha me tornado aquele nó. *Eu amo minha esposa; não vou deixá-la. Estou com uma fixação em outra pessoa, sem a atenção dela não posso viver.*

O que está *acontecendo*?, perguntou-me Lucy.

Nada, respondi.

Sinto que estou enlouquecendo, disse ela.

Talvez você esteja louca, mas talvez esteja certa. Era demais: eu não podia fazer isso. Eu poderia traí-la — nossa, como eu podia — e podia trair sua confiança. Mas não podia dizer que as percepções dela estavam erradas, que a situação à sua volta era diferente do que ela sentia que era. Não poderia privá-la da sua crença no seu poder de interpretação. *Você não está louca. Você está certa.*

Contei a ela da traição. Não mencionei que eu também tinha perdido a cabeça.

Eu poderia deixar de ir ao Brooklyn para fornicar, mas não conseguia manter meus pensamentos longe daquele mundo ingovernável nem da pessoa que poderia me levar até lá — a pessoa que eu achava desconcertante, perturbadora e, frequentemente, vergonhosa. *Até parece que vocês poderiam ter um* filho *juntos?* Eu pensava, horrorizada com meus próprios desejos rebeldes.

Jim disse que podíamos e deveríamos. Um filho biológico: ele sugeriu que eu engravidasse com um óvulo dele, fertilizado por um doador de esperma. *Os óvulos dele.* A frase em si era um disparate. E a ideia me deixou enfurecida: imagine os riscos de doenças de nascença de um bebê concebido de um óvulo que passou anos recebendo testosterona exógena! Mas não era só esse risco nem a complexidade dos procedimentos envolvidos que tornou a ideia repugnante para mim. Foi a ideia de direito — a crença de que você pode escolher fazer o que quiser da sua vida, sem nunca sacrificar nada. (E quanto a mim? No que eu acreditava? Que eu podia ser gay *e* hétero? Que eu poderia ser casada e livre? Uma viajante e uma mãe?) Eu queria acreditar que era diferente dele. (Melhor.) E eu não queria criar um filho com alguém que não trabalhava e que enxergava todos os parâmetros como contornáveis.

"Eu *estou* trabalhando", disse-me Jim, com raiva. Ele estava escrevendo um livro sobre sua transição. Mas não o levei a sério. Na verdade, como quase tudo o que ele fazia, eu ficava furiosa. Eu tinha passado quinze anos aprendendo como escrever, e ele decidiu que poderia fazer isso profissionalmente, assim, sem mais nem menos. (Isso já tinha acontecido antes: uma vez, quando ele ia ser cantor, depois ator. Mas escritor? Aquilo era simplesmente ofensivo.)

Ainda assim, fiquei totalmente distraída. Eu frequentemente pensava no ato físico em si, mas havia também flashes sensoriais. Tipo: o gosto de sopa em um restaurante japonês ao qual fomos uma vez. Ou: o som do vento naquele quarto.

Comecei a sentir claustrofobia dentro da minha própria casa. Compartilhei o desespero febril do nosso gato de achar uma janela aberta, uma porta entreaberta, uma oportunidade preciosa para escapar e ir... para onde? *Estou com medo de destruir esta casa,* escrevi no meu diário, *e então o inverno vai chegar, e eu vou estar do lado de fora, congelando.*

A ideia de me separar de Lucy me deixava fisicamente doente. Abandonar minha melhor amiga no mundo? Insuportável. Mas, então, eu já tinha ido. A narrativa paralela do meu segredo, a outra vida imaginada que estava engolindo minha atenção, a vida em que eu era solteira, vibrante, livre.

Era horrível ver alguém que você ama tomado dessa forma o tempo todo. Era ruim bater na porta da sua mãe enquanto ela mergulhava em sua outra vida no quarto ao lado. Mas eu sabia que tinha sido horrível para ela também — pender entre duas vidas é um inferno. Mesmo que uma vida seja real, e a outra, hipotética, a incapacidade de ocupar sua própria realidade é um tormento, uma tortura. É pecado e castigo, tudo de uma vez só.

Capítulo 10

Se eu fizesse um voo suficientemente longo para um lugar suficientemente estranho, talvez conseguisse deixar esse sonho febril para trás. Aceitei um trabalho para escrever sobre o político conservador Mike Huckabee; não é meu estilo usual, mas eu queria ir para o mais longe possível. Em janeiro de 2010, eu me encontrei com Huckabee em Jerusalém, no Muro das Lamentações. Ele estava liderando um grupo de cento e sessenta evangélicos pela Terra Santa com o cantor Pat Boone. Era fácil localizá-los entre um monte de homens de preto, os homens de barba rezando em frente à pedra branca dourada de Jerusalém. Huckabee vestia uma camisa rosa com bolinhas brancas e um quipá. "Acho que o que eu deveria fazer é me converter", declarou ele, apertando os olhos por causa do sol. "Isso cobre completamente a falha que tenho no cabelo."

Ele tinha uma autoconfiança simples que achei sedutora naquele momento carregado. "Caráter é quem você é quando ninguém está olhando", escreveu ele em um dos seus livros — a verdade melodramática e inegável. (Eu *tinha* que parar de trair. Eu tinha que encontrar alguma integridade.) Eu estava escrevendo uma matéria sobre as chances de Huckabee para a presidência, mas o que realmente me interessava era compreender como alguém cujas posições eu considerava tão perturbadoras podia parecer uma pessoa tão decente quando você conversava com ela. Tão atenciosa, até. Enquanto os cristãos estavam comprando imagens de madeira de Jesus na loja de suvenires, tomamos uma xícara de chá nos fundos da loja, e ele me contou como foi "criado em uma cultura na qual todos frequentavam a igreja, mas ninguém a levava a sério" em Hope, Arkansas. Ele achava a piedade reflexiva da sua comunidade de natureza "muito hipócrita" quando era jovem: "As pessoas diziam que os jovens não deviam assistir a filmes censurados para menores de dezoito anos e que garotos e garotas não deviam nadar juntos", contou ele. "Eu era o sujeito que sempre perguntava por quê." No ensino médio, ele foi mandado para a diretoria por liderar um grupo de alunos em um protesto contra a Guerra do Vietnã. "Eu sempre questionei, mesmo quando era inapropriado questionar", disse-me ele.

Mas, como todos nós, acho eu, Huckabee questionava apenas as regras que lhe pareciam questionáveis. Ele tinha certeza, por exemplo, de que a homossexualidade era "anormal e pecaminosa", e, como governador do Arkansas, tinha sido bem-sucedido em sancionar leis que não permitiam que casais gays adotassem crianças. "Podemos entrar no fator nojento", disse-me ele, "mas o fato é que dois homens em um relacionamento, duas mulheres em um relacionamento, em termos biológicos, não funciona". Parece que não ocorreu a ele que eu talvez não achasse a homossexualidade nojenta. Não importava que um estudo que levou vinte e cinco anos para ser concluído tivesse acabado de ser publicado pela Academia Americana de Pediatria concluindo que crianças criadas por mães lésbicas eram mais bem adaptadas do que os colegas. Huckabee *acreditava* que ser gay era errado. Isso era tão real para ele quanto a crença de Jim de que ele era um homem.

A esposa de Huckabee, Janet, estava com ele em Israel. Eles se conheciam desde o sétimo ano do colégio. No primeiro encontro,

Huckabee a levou a uma parada de caminhões depois de fazer a cobertura dos jogos de basquete da escola dela para a estação de rádio local, na qual ele trabalhava como repórter estudantil. "Começamos a namorar aos dezessete e nos casamos aos dezoito", disse ela. "No que estávamos pensando?"

"Nós não estávamos pensando!", respondeu ele. "Nós não estávamos pensando mesmo!" Perguntei o que ele tinha aprendido sobre o amor como uma pessoa casada havia trinta e seis anos. "Acho que nós dois nos casamos com a ideia de que seria para sempre", disse-me ele. "Eu sempre disse, se você acreditar que o divórcio é uma opção, vai usá-la."

No jantar, no David Citadel Hotel, eu me sentei ao lado de Mary, uma mulher jovial com cabelo branco e olhos azuis. Ela estava muito animada com o fato de eu ser judia. "Quer dizer, vocês são o povo escolhido!", exclamou ela. Muitos dos cristãos naquela viagem eram sionistas passionais, pelo menos em parte, porque acreditavam que o controle dos judeus no território entre o rio Jordão e o Mediterrâneo era uma condição bíblica para a segunda vinda de Cristo. (Alguns deles admitiram educadamente que não tinham dúvida de que a maioria dos israelenses passariam a eternidade no inferno. "Isso é uma questão", disse um homem chamado Randy em tom de desculpas.) Mas Mary parecia sinceramente curiosa. Ela me perguntou como celebrávamos os feriados, e contei sobre o jardim de infância ortodoxo que eu frequentei, onde fiz o papel da rainha Ester na nossa cerimônia do Purim, e todos nós comemos *hamantaschen* e gritamos quando a professora disse o nome de Haman. (Não mencionei que meus pais tinham me transferido para uma escola pública no primeiro ano por acharem que eu estava ficando judia demais.)

Mary me contou que Deus falou com ela. "Não ria", pediu ela, "mas é como ver palavras surgirem na sua cabeça como acontece na tela do computador". Seu marido, que estava sentado à esquerda dela, era um sulista barulhento e afável com cabelo branco e peitoral largo — eu conseguia ouvi-lo denegrir Obama aos brados, o que parecia deixar Mary ligeiramente menos desconfortável do que eu. Algumas semanas antes da viagem, disse-me ela, quando estava no banho, com raiva de alguma coisa que ele tinha feito, as palavras *Eu o escolhi para você* apareceram na tela de computador sagrada que ficava em sua mente.

Que paz deve ser saber que alguém é seu, não importa o que aconteça — é ordenado, nunca pode ser diferente. (*Maternidade*, ouvi na minha cabeça.) Como era relaxante — invejável, até — acreditar que um ser onipotente tem um plano para sua vida. Mary disse que rezaria para Deus falar comigo também.

Pensei: *Nunca terei isso.* Eu tinha Lucy — que compreensivelmente meio que me odiava agora e ficava estranha e bêbada com regularidade porque eu era uma terrível esposa de mentirinha — e tinha meu jardim e meus amigos e meu emprego.

Mas é mais do que um emprego, disse a mim mesma. *É um chamado!*

Sério?, foi meu pensamento seguinte. *Escrever artigos para a revista é uma obrigação sagrada?*

Então: *Existe algum valor na tentativa de colocar o mundo em palavras.*

E, por fim: *Você passa a vida inteira escolhendo pessoas. Você as usa e depois se livra delas, exatamente como quer fazer com sua mulher.*

"Você simplesmente descarta outro ser humano como se fosse um brinquedo com o qual você cansou de brincar?", perguntou Huckabee na manhã seguinte. Ele estava esperando para fazer uma entrevista de rádio, comendo um *croissant* de chocolate no saguão da rádio e explicando por que não acreditava em uma educação sexual abrangente para alunos do ensino médio. Informações sobre como prevenir uma gravidez indesejada só vai encorajar os adolescentes a explorar sexualmente uns aos outros e depois descartá-los, argumentou ele, quando eles deveriam ser estimulados a guardar esse tipo de intimidade para o casamento. Achei as conclusões dele sobre educação sexual uma completa idiotice. Mas sua descrição de um monstro egoísta que só se importa com o próprio desejo ávido me assombrou. *Você simplesmente descarta outro ser humano?*

Quem faria uma coisa dessas?

Esse tipo de pessoa não era merecedora de amor, de uma família. Uma pessoa assim não serve para ser mãe.

Quando voltei de Jerusalém, disse a Lucy que eu tinha sido cruel, egoísta e mesquinha como uma criança: que eu tinha tido um caso porque não sabia nada sobre o amor. Ela me punia se embebedando rotineiramente nos piores momentos, o que eu odiava, mas sabia que merecia. (Não passou pela minha cabeça que aquilo poderia não ter só a ver comigo.)

Você tem um caso porque não está recebendo o que deseja da pessoa que ama. Você quer mais: mais amor, mais sexo, mais atenção, mais diversão. Quer alguém que olhe para você com desejo — depois de anos de lavanderia —, transformando você em algo radiante. Viver de qualquer outro modo é abafado e cinzento, um caminho insignificante em direção à morte. Você quer o que ela lhe deu no início (mas que você esperou que fosse crescer e se intensificar, em vez de encolher até você se ver tão triste e ressentida que mal suporta ser você mesma).

Você tem um caso para conseguir o que gostaria que viesse da pessoa que mais ama no mundo. E, então, você partiu o coração dela, e ela nunca mais poderá lhe dar nada.

Capítulo 11

Ficamos separadas por um tempo. Lucy ficou em Shelter Island, e eu encontrei um apartamento na cidade. Às vezes, era um alívio estar sozinha, sem me sentir (tão) mal em relação a mim mesma, sem estar fixada no quanto ela estava bebendo ou no que eu poderia fazer para que ela parasse com isso. Às vezes, eu abraçava essa minha vida: olhava para as árvores do lado de fora da janela e não me sentia confusa. Outras vezes, sentia tanta saudade de Lucy que ficava enjoada.

Mas comecei meu caso de novo. *Estou separada! Por que não?* Se era para sofrer tanto assim, poderia muito bem haver algum tipo de compensação. Eu chegaria ao fundo daquilo. Eu ia tirar aquilo de mim! Mas os vícios que são alimentados pioram. Eles não melhoram.

Minha conta de e-mail continuava sendo invadida. Jim negou ter feito isso e disse que ficava magoado por eu tê-lo acusado de uma coisa dessas. Eu disse para mim mesma que devia ser algum estranho, que essas coisas aconteciam no mundo moderno. Mas comecei a desconfiar dele — sentir-me encurralada —, como aconteceu anos antes, quando ele aparecia na minha porta sem avisar.

Uma tarde, Jim me levou na Ikea em seu carro preto para procurar uma pia. Quase fiquei fraca de tanta gratidão enquanto caminhávamos pelos corredores de pias de cerâmica branca com seus nomes vikings: Odensvik; Bråviken; Hagaviken. Como ele tinha sido gentil em me trazer aqui, fazer uma tarefa banal comigo, enquanto eu o relegara a ser algo periférico na minha vida desde que nos conhecemos. Ele só era culpado de querer me ajudar a arrumar minha casa nova, onde seria bem-vindo.

Nós nos perdemos na área das camas beliche a caminho do caixa. Enquanto caminhávamos pelo labirinto abafado de quartos infantis sem nenhuma saída à vista, comecei a suar. Havia lençóis com estampa de cangurus. Havia saquinhos para guardar brinquedos e mesinhas para as crianças brincarem. Havia miniaturas de garfos e facas, e tudo o mais que você precisa comprar para uma vida normal. No momento em que encontramos a escada rolante para descer e paguei pela minha Tornviken, fiquei tonta.

De volta ao meu prédio, Jim me ajudou a subir com a pia pela escada e me perguntou se eu queria ajuda para colocá-la. Eu disse que faria isso outro dia.

— Eu realmente não estou me sentindo muito bem — respondi quando ele pediu para ficar, o que era verdade.

— Você prometeu a Lucy que nunca me deixaria dormir aqui? — perguntou ele.

— Não — respondi, o que era mentira.

Certa manhã, enquanto eu encarava meu computador, vi algo impossível. Um e-mail que Jim tinha escrito para mim — no qual defendia nosso relacionamento, recapitulando cada detalhe do nosso caso — tinha sido encaminhado para Lucy. Da minha conta.

Será que eu realmente estava ficando louca? Será que eu tinha enviado aquele e-mail para Lucy em algum tipo de transe? Será que aquele era meu jeito monstruoso de acabar com nosso casamento?

— Claro que não — disse Emma quando eu liguei. — Foi Jim que fez isso.

— Acho que não — respondi e comecei a chorar. — Sinto que sou uma panela de pressão prestes a explodir.

— Bem, então deve ter cozinhado seu cérebro — retrucou ela. — *Foi Jim que fez isso*. Não poderia estar mais claro.

Eu sabia que tinha sido Jim — um pesadelo, ao que parecia, que não conseguia sair da minha cabeça, da minha casa nem da minha correspondência —, mas não conseguia *acreditar* nisso.

— Ele não faria nada para me magoar.

— Ele é um sociopata — disse Emma. — E você está me assustando.

Matt me aconselhou:

— Você nunca mais devia falar com ele pelo resto da vida.

— Estou tentando — respondi. — É difícil.

Matt suspirou.

— Eu estava assistindo àquele programa *Intervention* outro dia, e as pessoas falavam como você: como se estivesse faltando um pedaço do cérebro delas.

Deve ser assim quando você está viciado em alguma coisa. Para terminar seu cigarro, você precisa bloquear o conhecimento de que aquilo está matando você. (E, se você é viciada, você *vai* bloquear — não será nem como uma escolha.) Mas foi só quando Jim se descuidou e citou uma coisa que escrevi em um e-mail para outra pessoa, o qual ele nunca teria visto se não tivesse invadido minha conta, que fui obrigada a admitir que era um mentiroso. Que ele era tão louco agora como homem quanto tinha sido como mulher.

Mas eu também era louca. Eu tinha deixado aquilo acontecer — eu fiz acontecer. Sair do relacionamento era como espatifar um grande painel de vidro no meio de uma sala: meses depois de acabar de limpar os cacos, ainda encontraria estilhaços nos cantos. Eu ainda estava tirando cacos afiados da sola dos meus pés.

* * *

Se você é Lucy, nesse meio-tempo, você está tentando começar uma empresa. É um ato de coragem, quando você tem quarenta e tantos anos e já tem uma carreira sólida que poderia continuar por mais uns vinte anos antes de se aposentar modestamente. Mas você quer mais: não quer ser mais uma peça das engrenagens. Você quer que seus pais fiquem impressionados e que sua esposa pare de se preocupar.

Ela não para. Na verdade, quando você investe — pouco a pouco — todo o dinheiro que ganhou na sua empresa, a única pessoa que se preocupa mais que você é sua esposa. *Sua esposa*. Você mudou toda sua vida por ela. Você deixou sua namorada; você vendeu sua casa; você se mudou para o outro lado do país. E valeu a pena, porque o que você ganhou foi a adoração mais profunda que já conheceu desde a infância, quando voltava para casa e percebia que era a menina dos olhos dos seus pais. Isso tinha acabado, e agora a mulher que adorava você está zangada o tempo todo por você não ter um salário. Por beber.

Mas você não tem salário porque está sonhando alto — você quer voltar a ser a campeã que todo mundo idolatra. (Esse foi o lado pelo qual ela se apaixonou, você teme, o lado que ela está contando que vai resgatá-la da sucção do *shtetl,* onde as mulheres envelhecem antes do tempo, comendo um mingau com cor de lama e sem a metade dos dentes na boca.) E qual é a única coisa que lhe dá um pouco de paz de espírito da ansiedade que a acorda às duas da manhã e a atormenta até o relógio despertar, de novo, para fazê-la levantar exausta da cama e enfrentar um novo dia para convencer sua equipe, sua mulher e você mesma de que tudo está sob controle? Uma bebida. Uma cerveja inocente, como você bebia com seus colegas de time. Uma vodca com soda que se passa facilmente por um refrigerante se ninguém se sentar perto o suficiente para sentir o cheiro na hora do almoço. Uma bebida boa e amorosa que livra você do estresse e do sofrimento e desce gostosa pela garganta. Às vezes, sua mulher diz que a bebida é sua amante, que você ama mais a bebida do que a ela. E às vezes ela está certa.

Então, um e-mail cruel e insuportável, escrito pelo amante detestável dela — sua namorada barbada —, chega à sua caixa de entrada, dizendo coisas nojentas como: eles saíram para comprar pias. Eles foram a Fire Island uma tarde e caminharam na praia. Eles transaram muito. *Eles estão apaixonados*.

Você sai correndo de uma reunião quando lê o e-mail no seu BlackBerry e então acha que vai vomitar, mas não vomita. Porque você *sabe* uma coisa. Eles não estão apaixonados. Sua mulher está possuída. O *verdadeiro* amor dela é você. Você vai fazê-la se lembrar disso, e esse pesadelo vai acabar. Sua empresa e seu casamento e *você* vão ser bem-sucedidos, mesmo que isso acabe matando você. E talvez seja exatamente isso que aconteça.

[illegible] Lembra, bem [illegible]
[illegible] desse [illegible]
[illegible] e sua [illegible] que [illegible]
[illegible]

[illegible] mesmo [illegible] manobra a máquina [illegible] pessoas com [illegible] eles sabem [illegible] uma tarde [illegible] espinhas.

[illegible] de uma [illegible] não te [illegible] dele, você [illegible] para [illegible] saber [illegible] mesmo que isso [illegible] que isso tenha acontecido.

Capítulo 12

Fizemos um pacto. Eu ia parar de trair. Lucy ia parar de beber. A agonia ia acabar. A deslealdade ia acabar. Nós íamos virar adultas agora, para valer.

Voltamos a morar juntas. No meu aniversário de trinta e seis anos, Lucy me deu uma bicicleta verde antiga com um capacete cor-de-rosa. Comecei a usar essa bicicleta para ir a todos os lugares, animada ao passar zunindo por táxis presos no trânsito e pedestres lentos que lotavam as calçadas. Eu era rápida e livre, voando pelo Hudson, em segurança com meu capacete duro e cor-de-rosa. Apesar de tudo o que eu a fiz passar, Lucy me deu isso.

Certa noite, ela me ligou do apartamento quando eu estava prestes a voltar de bicicleta para casa saindo de uma festa de alguém do trabalho. Ela estava nervosa. "Paolo está *morto*." Ele tinha começado a fazer um barulho horrível e foi para baixo do sofá. Lucy levantara o sofá em uma explosão de força maternal e então o segurou nos braços até o corpo dele enrijecer. Quando voltei para o apartamento, Lucy estava deitada no chão do banheiro, chorando ao lado do corpo.

Alguma coisa precisava ser *feita* — isso era urgente; e estava claro. Decidimos que precisávamos enterrá-lo, imediatamente, em

Shelter Island. Então, enrolamos Paolo em um xale mexicano com seu coelhinho de brinquedo, entramos no Jeep e seguimos para o leste, passando pelo túnel da cidade, pelos inúmeros cemitérios do Queens, pelo hotel Paris com sua réplica da Torre Eiffel. Lucy estava dirigindo e chorando, convencida por um instante de que Jim tinha invadido o apartamento e envenenado Paolo. "Esse gato era minha família", disse ela. E acrescentou: "Eu consigo compreender por que casais se separam depois que perdem um filho".

Já estávamos no Queens antes de nos darmos conta de que nunca chegaríamos a tempo da última balsa para Shelter Island. Pegamos um retorno e voltamos para o apartamento. Deixamos Paolo no carro frio. Então, partimos de novo na manhã seguinte, passando pelo túnel, pelos inúmeros cemitérios do Queens, pelo hotel Paris em direção aos vinhedos de North Fork, as lojas de equipamentos náuticos em Greenport que vendem material para barcos e cordas. Enterramos Paolo com seu coelhinho aos pés de uma árvore no quintal, onde estão envoltos em um abraço eterno no xale mexicano.

Durante semanas, Lucy parecia prestes a cair no choro. Nossa casa parecia vazia sem aquele gato; era palpável que faltava alguém. Foi um inverno úmido e cinzento que passou devagar com muito pouca luz do dia.

Periodicamente, Lucy ainda parecia bêbada.

Certa tarde, eu a ouvi entrar em casa enquanto estava no banho. Saí do banheiro enrolada em uma toalha amarela, animada por vê-la. Mas bastou um olhar para perceber que não era ela de fato. Seu olhar estava embaçado, e a expressão no rosto, vaga. Senti o chão ceder sob meus pés. Lucy tinha desaparecido. No lugar dela, havia uma pessoa furtiva e confusa dizendo coisas que não faziam sentido.

Às vezes a fala dela se enrolava, mas em geral era algo sutil. Algo que só parecia estar... errado. Então um mal-estar tomava conta de mim, e eu expressava isso de formas diferentes. Às vezes com medo, triste ou como um apelo: "Amor, você andou bebendo?". Às vezes, enlouquecida e desprezível: "Eu não aguento mais". Às vezes fria, condenadora e cruel: "Você é péssima", disse uma vez e estava sendo sincera. (Para a minha melhor amiga do mundo. Para a pessoa com quem eu já tinha dormido mil noites de nudez, eu disse: *Você é péssima.*)

Eu tocava no assunto mais tarde, quando ela parecia normal de novo, presente. "É como se você virasse outra pessoa", dizia eu. Tentava fazer uma piada: dizia que era uma persona alternativa dela, seu *alter ego* não muito certo, a Lucy Sofisticada, do mesmo jeito que as pessoas apelidavam homens muito altos de "Pequeno". (Sua outra característica determinante era uma simplicidade estranha — uma total e irritante falta de especificidade.) Ela achou isso engraçado, mas sua explicação para as aparições intermitentes da Lucy Sofisticada eram "Estou administrando uma *start-up*; só estou exausta".

Eu alternava entre saber (mas não acreditar) que ela estava mentindo e me preocupar que estivesse falando a verdade e que algo estivesse terrivelmente errado com ela. Ela deve estar tendo pequenos derrames! E se ela tiver um tumor cerebral? Ou alguma outra doença na cabeça? E, além disso tudo, ela tinha que me aguentar — essa pessoa traiçoeira — acusando-a de beber enquanto lutava tanto para se manter sóbria?

Eu não me sentia bem massacrando-a com perguntas sobre bebida. Eu me sentia cruel, agressiva, mas também paranoica e histérica. Eu vivia em um estado de atordoamento pontuado com fúria e uma culpa dolorosa.

Capítulo 13

Os meses se arrastaram assim. E, então, de alguma maneira, as coisas melhoraram.

Decidimos ter outro gato — não, dois! Um par de gatinhas malhadas de um abrigo de animais em Long Island. Nós as trouxemos para casa em uma caixa de papelão com furos pelos quais podiam enfiar o focinho. Elas correram pela casa, curiosas e destemidas, e, então, dormiram, uma do lado da outra. Elas faziam tudo assim: comiam e bebiam juntas; iam à caixa de areia ao mesmo tempo, como se fossem uma só. Paolo teria desdenhado de tamanha doçura.

Quando Lucy as segurava, cortando cuidadosamente suas unhas e escovando o pelo, era a pessoa benevolente que eu tinha conhecido na noite do apagão: a Lady Escoteira. Ela era a promessa de família, decência, união. E nós éramos um tipo de família agora — elas eram apenas gatinhas, mas eram nossas, novas vidas das quais cuidávamos juntas. Elas dormiam na cama com a gente e nos seguiam de cômodo em cômodo, a não ser quando nós cruzávamos o caminho delas, e elas nos olhavam como se estivessem vendo — pela primeira vez na vida — criaturas tão aterrorizantes e perigosas que mal podiam suportar saber que existíamos. Elas então saíam correndo para os armários, onde se escondiam até estarem prontas para nos reconhecerem de novo como as pessoas que cuidavam delas e atendiam às suas necessidades. Suas escravas do amor.

Um convite chegou de Atenas. Meu editor de lá decidiu pelos próprios motivos misteriosos me levar para uma turnê literária durante a pior crise econômica do seu país. E eu me vi compartilhando um pouco do seu otimismo: então as coisas estão horríveis; mas sempre podem melhorar. Lucy decidiu ir também.

Quando saímos do avião na Grécia, estava muito calor. Ficamos no apartamento de um amigo de um amigo que não estava na cidade, e havia alguma coisa nele — a cama no chão, a banheira na cozinha — que nos fez sentir jovens e livres. Meu editor Dimitris nos levou a uma boate *rebetika* tarde da noite. Era uma pista de dança cheia de fumaça e gente, na qual os homens estalavam os dedos enquanto giravam em círculos, e pratos de cordeiro e berinjela não paravam de chegar à nossa mesa. Era o tipo de coisa que eu sempre queria que acontecesse, mas raramente acontecia: fomos levadas a um mundo particular e privado e tratadas como se pertencêssemos a ele.

A esposa de Dimitris, Yiota, parecia uma linda Muppet ruiva. Ela me contou como costumava frequentar a livraria de Dimitris quando ainda era casada com o primeiro marido. Ela tinha acabado de dar à luz quando o deixou para ficar com Dimitris. Ela sorriu e deu de ombros, dizendo "Ninguém é perfeito".

Certa manhã, Lucy e eu pegamos uma balsa até uma ilha chamada Aegina. Comemos peixe frito em uma toalha de mesa engomada em um bar no fim do mercado, e homens que pareciam meu avô ficavam nos encarando. Gatos de rua comeram os restos da nossa comida. Caminhamos por becos e vielas sob a luz clara do inverno e conversamos sobre uma viagem de carro que fizemos por Napa Valley oito anos antes, logo que começamos a namorar. Tive uma reação alérgica a um dos vinhos e fiquei com urticária nas pálpebras e nas palmas das mãos. Mesmo assim, foi um momento muito feliz, o mais emocionante. E agora voltamos uma para outra.

Dimitris e Yiota cozinharam para nós uma noite no apartamento deles, um lugar entulhado e bagunçado, cheio de fumaça de cigarro, *dolmades* recheados, crianças e amigos. "Americanos não relaxam", disse-me um deles, segurando o filho de três anos e tomando um gole de *ouzo*. A Grécia estava desmoronando. As ruas de Atenas estavam cheias de gatos e cachorros que as pessoas abandonaram porque não tinham mais como alimentá-los. Mas nossos anfitriões estavam alegres e contentes.

A família deles não parecia um fardo; parecia uma festa. Surgiu na minha mente a ideia de que ser regida por outra coisa além dos meus próprios desejos e minha vontade de viajar talvez fosse um prazer, um alívio.

Naquela luz ateniense mágica, Lucy e eu parecíamos melhores uma para a outra, sem fingimentos, sem bebedeiras, *de bem* de novo. Voltamos a ser nós mesmas na essência, redimidas. Acabamos com nosso casamento e o reconstruímos, o que significava que estávamos firmes e fortes, decidimos. Que nosso relacionamento duraria. Finalmente, eu estava pronta para a maternidade. E eu tinha trinta e sete anos.

Tínhamos várias coisas a nosso favor: valores compartilhados, a renda das duas, parentes que moravam perto. Não tínhamos esperma, mas isso não era tão difícil de conseguir; você poderia até comprar pela internet, como qualquer outra coisa, e algumas pessoas simplesmente dariam para você se pedisse com jeito. Lucy estaria comigo, é claro, mas eu queria um homem na vida desse filho imaginário também. Quando ele perguntasse "Quem é meu pai?", eu queria poder responder com o nome de uma pessoa que ele ou ela já conhecesse e amasse. Lucy e eu gostávamos da ideia de ter outro adulto envolvido, o qual, tínhamos esperança, gostaria de passar, ocasionalmente, um fim de semana com seu filho ou sua filha, e seria um membro adjunto da família. Nós nos sentíamos intimidadas com o que estávamos assumindo. Concluímos que poderíamos usar toda a ajuda que conseguíssemos. E a gravidez já parecia algo misterioso e imperscrutável. Eu não queria a semente de um estranho crescendo dentro de mim.

Na manhã em que fomos ver a Acrópole, começamos a listar as qualidades de todos os doadores em potencial que conhecíamos. Um não tinha queixo, mas tinha um excepcional senso de humor, concordamos à medida que o sol subia no céu, e tiramos o casaco e o chapéu em frente ao Parthenon. Outro era atlético, mas eu me preocupava com seu temperamento. Subimos os degraus estreitos até o Templo de Atena, e pensei no meu pai, que amava ler histórias de mitologia, dando uma voz diferente para Poseidon, Hera e Zeus.

Ficou óbvio para quem deveríamos pedir. O rapaz que nos serviu filé no seu terraço na noite do apagão — quando éramos inocentes, antes de termos feito qualquer coisa errada — queria muito ser pai, mas a distância. Queria o amor sem ter o trabalho. Isso era meio que perfeito: totalmente de acordo com suas capacidades, totalmente de acordo com suas necessidades.

Eu era excelente em cultivar, reclamar, esterilizar superfícies cobertas de germes e, até onde sabíamos, tinha um útero que funcionava. Lucy era paciente, boa de matemática, uma motorista maravilhosa e levava jeito com as coisas. Nosso amigo, que ficou encantado com a possibilidade do tipo de paternidade que oferecemos quando voltamos a Nova York, era brilhante, tímido, gentil e rico, o que não era insignificante. "Vou pagar a faculdade", disse ele imediatamente. Nós não reclamamos.

Durante um tempo, minha vida foi feia, um desastre ambulante, mas eu ia consertar tudo no último instante. (Era melhor assim! Eu tive problemas *antes* de ter filhos.) Consegui resolver as questões de Jane Austen que as mulheres enfrentam havia séculos — garantir um provedor para os filhos, encontrar um parceiro com quem passar o tempo e criar um lar alegre — de uma forma completamente não convencional. Tive que abrir mão do fogo venenoso do meu caso, mas a cada dia que passava isso parecia um sacrifício menor.

"Ninguém é perfeito", dissera Yiota... E olhe só para ela. Boêmia, mas com raízes, cercada de filhos e cheiro de comida, saindo à noite *com o marido,* bebendo *ouzo* e assistindo à dança de quebra pratos. Uma matriarca espirituosa e sensual que enfrentava a fraqueza humana com seus cabelos ruivos, um dar de ombros e uma mente aberta. O importante era amar.

Mesmo assim, fiquei ansiosa quando fomos ao endocrinologista reprodutivo naquela primavera. Fiquei deitada enquanto ele colocava o esperma do nosso amigo em uma seringa. Estava preocupada. Estava farta de fracassar no casamento. Eu não suportaria a ideia de fracassar na maternidade também. Eu me perguntava se seria capaz de manter a fidelidade que prometera para Lucy. Eu me perguntava se ela seria capaz de manter a sobriedade que me prometera. E quem seria meu filho? Que degenerado assassino eu geraria aqui? (*Será que meu filho seria tão ruim quanto eu*?)

Todos esses pensamentos se dissiparam quando me levantei da mesa com a consciência de que poderia estar grávida. Todas as noites eu ia dormir com esperança. Todas as manhãs eu acordava imaginando. Eu tinha sido ambígua em relação a isso por uma década e, agora que tinha dado esse passo, tudo de repente ficou claro: eu mal podia esperar para ser mãe.

Capítulo 14

Recebemos hóspedes para o feriado de 4 de julho, o início do verão. Nós os levamos para uma praia calma em Shelter Island e à loja próxima da água na qual você pode comer sanduíches nos fundos, perto da marina. Mostrei para a esposa os meus tomates, e ela me disse para colar moedas de um centavo nas estacas porque o cobre afasta os caramujos.

Nossos amigos foram embora no domingo cedo para evitar o engarrafamento. Fui até a escrivaninha para trabalhar um pouco, e Lucy saiu para resolver algumas coisas. O dia estava quente, e eu me levantei várias vezes para tomar chuveiradas rápidas e geladas.

Ela estava demorando muito para chegar. A tarde foi acabando, e meu estômago começou a revirar.

Quando finalmente ouvi Lucy entrar na estradinha de terra que levava até a nossa casa, fui até o jardim. Observei enquanto ela passou pela entrada e freou abruptamente em um ângulo estranho. Ela abriu a porta do motorista e quase caiu. Fui até lá, olhei no banco de trás e vi dois engradados de cerveja, cada um com seis unidades. Contei as latas vazias espalhadas pelo assoalho do carro: quatro, cinco, seis... nove.

Não é uma sensação boa estar certa sobre algo de que você desconfiava quando finalmente tem a confirmação inegável de que é verdade. Não é a sensação satisfatória de tudo se encaixando no lugar que você desejava. É mais como: *Então tá.* O homem que fazia algumas visitas e dormia lá em casa era o amante de longa data da sua mãe. O motivo de Lucy parecer estranha às vezes é porque ela ainda bebe. Você sempre soube disso. O único mistério nisso tudo é como você conseguiu achar que isso era um mistério.

Uma onda de adrenalina passou por mim, como se eu estivesse diante de um desastre em andamento, um incêndio devorando as cortinas, em vez da realidade rotineira da bebedeira de outra pessoa. Senti que estava me afastando, meu eu competente assumindo o controle.

Peguei as chaves do carro das mãos de Lucy e disse a ela que era hora de tirar uma soneca; ela adormeceu rapidamente na nossa cama. Então, peguei as gatinhas e meu computador e entrei no Jeep, o suor escorrendo pela minha nuca, pela parte interna das minhas coxas. Passei pelas lojas da marina em Greenport e pelas fazendas sólidas e pelos vinhedos antigos de North Fork. Olhei para as pessoas — da Guatemala, do México — trabalhando nos campos, o sol brilhando sobre elas, indiferente. Imaginei se os problemas que me afligiam pareceriam ridículos para aquelas mulheres ou se os nossos problemas eram os mesmos. As gatinhas vagavam pelo assento traseiro e dianteiro, colocando o focinho na frente da saída do ar-condicionado.

Era fim de feriado; a autoestrada de Long Island estava com trânsito intenso. Seguimos para o oeste, e eu disse a mim mesma que era simples: voltar para a cidade. Tomar outras decisões depois. *Mas e se Lucy realmente for alcoólatra? E se eu estiver grávida?* De qualquer maneira, disse a mim mesma, você precisa dirigir este carro e estacioná-lo.

Levou horas, mas, finalmente, eu estava passando pelos cemitérios do Queens, quilômetros e quilômetros de ossos descansando. E, então, Lucy me ligou. "Não é culpa sua", repetia ela quando atendi. Ela estava no telhado. Disse que ia pular. Não era culpa minha, mas ela acordou, a casa estava vazia, e ela sentiu que estava sozinha no mundo e que queria morrer.

Carros buzinaram, e as gatas miaram enquanto eu parava o Jeep no acostamento. Eu disse a ela que morrer não era uma opção. Eu disse que ela precisava descer do telhado, agora. Depois, eu quase ri alto quando me lembrei de ter dito a ela que tínhamos duas gatas e que ela não podia fazer isso com *elas*. Eu disse para ela entrar. Repeti isso muitas e muitas vezes. Tantas vezes quanto ela disse "Não é culpa sua". Eu disse: "Vamos desligar agora e, então, você vai me ligar quando já estiver dentro de casa", repeti até ela concordar e desligar o telefone.

Liguei para uma amiga que eu sabia que estava na ilha para passar em casa, embora a gente não a conhecesse tão bem assim a ponto de pedir isso. Mas o telefone só tocou e tocou e caiu na caixa postal. Eu não parava de suar; as gatas miavam em desespero. Se eu não fizesse mais alguma coisa, o que poderia acontecer? Será que existia realmente a possibilidade de Lucy se ferir (de se *matar*)? Pensei: *não podemos arriscar*. Então, liguei para a polícia.

Tudo aconteceu em questão de segundos. Liguei para o 911 e comecei a falar com a polícia. Dei o endereço e pedi que fossem até minha casa porque havia uma pessoa lá ameaçando cometer suicídio. Momentos depois de desligar, Lucy me ligou de dentro de casa, e eu me perguntei se eu não teria cometido um erro desastroso.

Mas não. Ela estava dentro de casa, mas com uma corda no pescoço. (Uma *corda*? Onde é que ela tinha conseguido uma corda?) Lucy ainda queria morrer. Então, ela disse ter visto um carro de polícia parando na frente da nossa casa, e eu disse que tinha ligado para eles, e ela desligou o telefone.

Nossa amiga retornou a ligação. Eu pedi que ela fosse até minha casa e visse o que poderia fazer. Não se passou muito tempo — Dez minutos? Cinco? — até ela ligar e dizer que estava na sala de estar da minha casa com os policiais. Mas Lucy se fora.

Ela morreu. Senti meu estômago se contrair. *Ela encontrou um jeito de morrer.*

"Não, não, espere", disse nossa amiga. "Espere um pouco, eles acham que ouviram algo no seu quarto, mas não sabem... Ah. Sim." Encontraram Lucy adormecida — roncando, na verdade — embaixo da nossa cama.

Eles a levaram para o pronto-socorro em Greenport. Ela me ligou várias horas depois e disse que estava bem e que ia dormir. Mas em algum momento da noite eles a transferiram para a ala psiquiátrica, e ninguém permitia que eu falasse com ela quando liguei na manhã seguinte: eles nem confirmavam se ela estava lá. "Somos *casadas*", eu repetia, mas eles não ligavam, ou talvez isso não importasse. Eu estava de volta ao carro com as gatas, passando pelos cemitérios e o hotel Paris, ligando de novo e de novo, na esperança de que alguém me dissesse alguma coisa. Eu sentia como se tivesse largado minha filha em um orfanato em um momento de desespero e que nunca mais conseguiria pegá-la de volta.

Mas, por fim, ela mesma me ligou, de um telefone público no hospital. Ela não parecia uma criança, nem uma bêbada, nem uma suicida. Parecia a minha esposa. Ela disse que era horrível; que eu tinha que tirá-la de lá, *agora*. Disse para eu ligar para os funcionários dela e dizer que ela tinha sofrido um acidente, que estava no hospital, depois me passou um recado complicado sobre uma reunião com um cliente. Liguei para a empresa dela. Liguei para o hospital diversas vezes até que alguém me informou o horário de visita. Liguei e liguei, dirigi e dirigi até me dar conta de que aonde quer que eu fosse e para quem quer que eu ligasse a verdade ainda seria a mesma: minha esposa, a pessoa com quem eu esperava criar um filho, estava trancada na ala psiquiátrica de um hospital.

Por fim, uma médica retornou minhas ligações: uma mulher articulada e direta que parecia competente e lúcida e que, percebi com grande alívio, estava agora no comando legal da situação. Eu perguntei se ela tinha percebido que minha esposa provavelmente não era suicida, que ela provavelmente era apenas alcoólatra. A médica compreendia isso. Perguntei por que ela estava mantendo Lucy no hospital, e a psiquiatra respondeu: "Porque ela precisa compreender que suas ações têm consequências".

Fiquei impressionada.

Logo que vi Lucy caminhando pelo corredor para falar comigo no hospital, tive certeza do quanto eu ainda estava inegavelmente apaixonada por ela. Eu não tinha apenas acabado com ela ou estava presa a ela. Ali, humilde, com calça verde de pijama de hospital e a camiseta que usava da última vez que a vi, estava a pessoa que eu amava.

Sentamos nos sofás da sala de visita, na qual havia pilhas de revistas grudentas nas mesas. "Você não vai gostar das opções", disse Lucy. Conseguíamos ver o tom azul-escuro das águas de Peconic Bay pelas janelas, os veleiros flutuando em direção às nuvens no horizonte. O sol forte brilhando nos telhados dos outros prédios do hospital. Sugeri que, quando tudo isso acabasse, Lucy deveria tentar vender alguns painéis solares para eles.

Alguma coisa aconteceu com ela. Ela estava de volta. "Acho que chegou a hora de admitir: eu tenho problemas com a bebida", disse ela, o que nos fez rir. Naquela manhã, quando acordou e viu onde estava, ficou furiosa comigo. Tinha tomado café da manhã com pessoas destruídas: esquizofrênicos que tinham parado de tomar os remédios, pessoas tremendo com crise de abstinência. Ela estava no lugar errado, e fui eu que a coloquei ali. Mas, à medida que as horas foram passando, ela percebeu que o ressentimento e a resistência a abandonavam. *Claro* que eu tinha ligado para a polícia, o que teria significado se eu não tivesse ligado? Ela começou a conversar com as pessoas. Por várias horas, não sentiu vergonha. Não se sentiu nem melhor nem pior do que ninguém.

Ela apontou para uma mulher delicada, que parecia estar na casa dos setenta, sentada em outro sofá da sala de visitas. Era viciada em analgésicos. Lucy descobriu em algum tipo de terapia de grupo que tinham acabado de fazer. Aquela mulher com cabelos brancos bem-arrumados, usando sapatilhas delicadas em um tom de azul-marinho, que poderia muito bem frequentar o mesmo clube que a mãe de Lucy ou reuniões de grupos de horticultura, tinha escondido um estoque de pílulas na almofada do sofá. Ocorreu a Lucy (a nós duas) que havia outras pessoas (viciadas) que pareciam bem, mas não conseguiam parar de usar coisas que estavam arruinando sua vida.

Os médicos disseram que Lucy precisava ficar mais uma noite para observação. Eu estava feliz ao dirigir em direção à balsa, olhando os jardins brilhando sob a luz da tarde cintilante. A natureza zunia de atividade: insetos, vinhas enroscadas, malvas florescendo, todos ocupados com o trabalho do verão. Tudo estava crescendo.

O segredo foi revelado, o mistério, resolvido. Eu não precisava convencer Lucy nem a mim mesma de que era um problema urgente. Ela receberia ajuda agora. (Fosse lá o que isso significasse. Eu não fazia ideia.) As coisas logo iam melhorar.

Quando cheguei em casa, limpei a cozinha. Assisti a um episódio de *30 Rock* no computador enquanto preparava o jantar com o que parecia menos velho na geladeira. Dei uma olhada na correspondência. E então fui levar o lixo até o barracão no quintal e vi que a corda ainda estava pendurada no carvalho.

Parte 2

Capítulo 15

Um mês depois, eu sabia que estava grávida. Sentia em cada célula do meu corpo.

Liguei para Emma, que tinha engravidado havia pouco tempo, e descrevi como eu me sentia: um pouco enjoada, um pouco louca, cheia de adrenalina. "É como se você estivesse recebendo uma transmissão alienígena pelos mamilos?", perguntou-me ela. Era. Ela me disse para fazer um exame de gravidez imediatamente.

Suando, corri pela Amsterdam Avenue, procurando uma farmácia. Depois de comprar o teste, encontrei uma Starbucks e fiquei em pé no banheiro fedido, inundada de animação e a mistura de cheiros de urina e *macchiato* enquanto esperava as linhas aparecerem no bastão. E lá estavam elas: um sinal de mais.

Foi mágico. Algumas sementinhas no meu caldeirão e, de repente, eu era uma bruxa com o poder de criar a *vida* e transformá-la em um ser. Liguei para Lucy, mas a ligação ficava caindo. (Ela disse que estava no escritório, mas ouvi um barulho alto e caótico ao fundo, então a ligação caiu e, quando tentei de novo, foi direto para a caixa postal.) *Mas quem se importa? Estou grávida!* Foi muito mais fácil falar com o pai do bebê, que estava no Japão a trabalho, mas, de alguma forma, ficou imediatamente disponível e feliz. Estávamos ambos inebriados e impressionados com o que tínhamos feito.

Liguei para o meu pai, que gritou de alegria. Disse que não conseguia acreditar que tinha uma filha com idade suficiente para ser mãe. Eu disse a ele que, na verdade, ele tinha uma filha velha *demais* para engravidar, mas que, de alguma forma, eu tinha conseguido. Eu estava prestes a fazer trinta e oito anos. Engravidar era como entrar em um avião um segundo antes de o embarque ser encerrado: você não consegue evitar a emoção.

Emma e eu temos uma diferença de dois meses de idade, e nossos filhos também teriam. Nós nos animamos porque nossos filhos brincariam juntos. O parto dela estava previsto para fevereiro, e o meu, para abril, quando o ar fresco entrava pelas janelas abertas.

Minha mãe ficou feliz como nunca achei que eu seria capaz de fazê-la, e isso me fez amá-la com um abandono sincero que eu não vivenciava desde a infância. Ocorreu-me que foi ela que me disse que eu poderia ser o tipo de mulher livre para fazer o que quisesse. Minha mãe nunca se surpreendeu com nada que eu conquistei. Ela nunca acreditava em mim quando eu dizia que ia fracassar, mesmo quando me levou para o aeroporto com minha mochila gigantesca quando eu tinha vinte e dois anos e estava com medo de Phnom Penh, de Katmandu e, é claro, *ela também estava*. Ela não disse: "Você está certa, é perigoso demais, vamos voltar para casa".

Ela disse: "Entre no avião. Você vai ficar bem".

Lucy e eu brigávamos menos. Eu ficava orgulhosa todas as vezes que ela pedia um refrigerante em um restaurante. Eu tinha esperanças renovadas na empresa dela, no seu potencial de sucesso. Seu projeto humano.

Mas eu nunca parava de me preocupar. Eu me preocupava que ela não estivesse frequentando as reuniões dos Alcoólicos Anônimos. (Mas o que eu sabia? Quem era eu para dizer que o AA era a única maneira de se manter sóbrio?) Eu me preocupava com as dezenas de latinhas de cerveja sem álcool que ela consumia. Ver uma pilha de latas vazias era o suficiente para me deixar nervosa. Eu me preocupava com quanto ela era discreta em relação à própria sobriedade: ela deixava as pessoas servirem uma taça de vinho para ela e depois simplesmente não tomava, em vez de admitir que não ia beber. (Por quê? Por que ela não ficava impressionada consigo mesma? Eu estava! Por que precisávamos ter um novo segredo sobre seu alcoolismo?) Eu me preocupava que, para ela, a sobriedade não fosse suficiente. Que algo estivesse faltando. Mas o quê?

A natureza faz uma coisa muito perspicaz com as gestantes. Ela as deixa preocupadas com os bebês na sua barriga de forma que, quando eles nascem, elas já estão acostumadas a se concentrar nas crias, obcecadas com seu bem-estar, então o bebê sobrevive. Eu estava sempre atenta. *Quem* estava ali?

"Na sétima semana, seu bebê é do tamanho de uma azeitona", informou a mulher no vídeo sobre gravidez em um website, "com pontos escuros que se tornarão olhos". Parecia tolice ficar obcecada com alguém do tamanho de uma azeitona. Mas tudo estava acontecendo tão rápido! Apenas algumas semanas depois, eu consegui ouvir o som galopante dos batimentos cardíacos da pessoinha dentro de mim em um aparelho no consultório médico.

Mas eu precisava manter minha obsessão guardada para mim mesma: Lucy me disse isso, e o pai do bebê também. Abortos espontâneos são comuns no primeiro trimestre, e imagine como seria horrível contar para as pessoas sobre a gravidez e depois olhar para elas e dizer que tudo acabou em uma grande decepção. Mas era difícil. As pessoas perguntavam: "E as novidades?", e eu precisava usar todo meu autocontrole para não responder: "Bem, estou cozinhando um ser humano dentro de mim. Então, é isso".

Eu o imaginava tímido e contemplativo como a versão humana de um míni Ferdinando, o touro, sentado sob uma árvore dentro da minha barriga.

Fui para San Diego no fim de semana do Dia do Trabalho para entrevistar Lynn Vincent, uma *ghostwriter* que tinha trabalhado no livro de memórias de Sarah Palin. Eu esperava que ela fosse estridente, ignorante e desagradável: minha inimiga natural. Em vez disso, era fascinante. Ela me contou sobre sua infância angustiante perto de Cabo Canaveral, com uma mãe alcoólatra que a trancava no armário e ia para o bar local — Missile Lounge, era como se chamava. Elas foram despejadas de vários lugares e, por fim, acabaram morando em uma barraca em uma praia do Havaí. Vincent fugiu sem nada além do biquíni e um vestido depois de ser atacada pelo namorado da mãe em uma tarde, quando tinha quinze anos.

Ela me levou até sua loja favorita em Old Town, onde vi algo que me deixou fraca: um cobertorzinho azul e branco com uma baleia saltando as ondas sob um sol amarelo. Depois que o comprei, ela me perguntou se alguma amiga minha tinha acabado de ter bebê. Não me contive: "Não, *meu* filho vai se deitar neste cobertor e olhar para as árvores na primavera".

Eu sabia que Vincent era radicalmente contra o casamento gay e esperei que ela me dissesse que eu não tinha direito de ser mãe. Ela parecia prestes a chorar. "Ah, Ariel", disse ela. "Isso é maravilhoso."

Parecia que o mundo inteiro estava feliz por nós, orgulhosos de mim. *Você vai ter um bebê?* Sim, sério. *Um ser vivo* vai sair do meu corpo. Sei que parece ridículo, mas aparentemente é assim que as coisas funcionam.

Uma maré boa parecia estar vindo na nossa direção. Na ultrassonografia de doze semanas, Lucy e eu ficamos ofegantes quando vimos o bebê no monitor, flutuando como se fosse um peixe — saudável, normal, *vivo*. Nós duas saímos do consultório com a certeza de que era um menino, embora não soubéssemos por quê. Um mês depois, fiz um novo exame que lê o DNA no plasma materno, e o resultado confirmou nossa intuição: era um menino. E ele tinha o número certo de cromossomos.

Deixei uma mensagem de voz para os pais de Lucy dizendo que logo teriam mais um neto. Quando eles não retornaram a ligação, fiquei arrasada e zangada e me recusei a ser compreensiva quando Lucy me pediu para pensar no mundo em que eles foram criados e quanto tinham melhorado. Meus pais ligavam todos os dias: obcecados. Comecei a me corresponder com os pais do pai do bebê. Eu ficava tão animada quando recebia cartas deles que minhas mãos tremiam quando as lia. Eles eram idosos e religiosos e moravam longe, mas agora éramos próximos. Meu filho os atraía para mim como um ímã de amor.

Começamos a procurar um apartamento maior. Lucy comprava pêssegos para mim no mercado local, porque era a única coisa que eu tinha vontade de comer além de biscoito de água e sal. Minhas amigas perguntaram se eu queria brincadeiras no chá de bebê. (Definitivamente não.) Hope, tia de Lucy, nos mandou um par de meias bem pequenas.

Eu me sentia cada vez menos uma pessoa ruim. Havia algo de bom dentro de mim — eu estava fazendo algo tão bom —, eu não podia ser ruim, não é? Comecei a conversar com o bebê na minha cabeça em vez de comigo mesma. Mesmo que você não seja Robinson Crusoé em uma ilha solitária, como ser humano você caminha sozinho pelo mundo. Mas, quando está grávida, você nunca está sozinha.

À medida que meus quadris se alargavam e meus seios cresciam e ficavam incríveis, eu sentia que estava me transformando em um animal, uma criatura biológica governada pelo meu corpo, absorta no seu funcionamento. Percebi que sentia um tipo de amor hormonal pelo pai do bebê. Não era um sentimento romântico nem sexual; era mais profundo. Era primitivo. Eu desejava a presença dele. Eu queria olhar para o rosto dele e observar o movimento das suas mãos. Saímos para almoçar com ele um dia, e notei que estava sentada estranhamente próxima a ele na mesa só para sentir o *cheiro* dele. Eu sabia que uma versão dele em miniatura logo sairia de dentro de mim e que eu amaria essa pessoa com tamanha ferocidade — uma paixão — que considerava todas as minhas outras emoções secundárias.

Não foi uma sensação boa para Lucy. Ela se sentiu rebaixada. Excluída. Começou a passar mais tempo que de costume no trabalho. (No entanto, estranhamente, sempre que eu tentava falar com ela no trabalho, ela já tinha saído, e os funcionários nunca sabiam para onde ela tinha ido.) Eu continuava ansiosa em relação à empresa dela, mas era uma preocupação mais desprendida agora, porque o bebê poderia contar com o dinheiro de outra pessoa: riqueza, a maior bolsa gestacional do mundo.

Eu reservava uma inveja feia para amigos e conhecidos que vinham de famílias ricas e que nunca se preocuparam com seu destino financeiro, para quem o dinheiro era, essencialmente, algo simbólico: eles tinham carreiras, gostavam de ganhar dinheiro, mas o que *realmente* os sustentava era um rio de dinheiro que se enchia fazia décadas, em alguns casos, gerações. O trabalho deles era, até certo ponto, uma questão de princípios — uma pessoa *tem que* fazer alguma coisa. Algumas das minhas amigas desse tipo sentiam esse desejo só até terem filhos. ("Isso *é* fazer alguma coisa!" Sim, é claro que é. Mas é algo que alguém só pode fazer exclusivamente por um tempo, a não ser que outra pessoa esteja pagando as contas.)

Eu tinha chegado a um ponto em que podia me sustentar. A ideia de ser financeiramente responsável por uma criança (sem contar a noção exasperante de ser financeiramente responsável por

Lucy caso a empresa dela falisse, quando ela deveria *me sustentar*) me deixou nervosa. Mas agora eu estava protegida disso tudo! O pai do bebê não apenas era rico, mas também se fez por esforço próprio. (Não apenas riqueza, mas uma riqueza que eu poderia respeitar.) Ele sustentaria nosso filho. Não havia nada a temer. Qual era a pior coisa que poderia acontecer, o bebê precisar do remédio mais caro do mundo? *Sem problemas*. Dizer que eu era grata por essa segurança era muito pouco.

Lucy se ressentia da minha gratidão para com o pai do bebê. Ela se preocupava com o próprio papel na família. "Ele é o pai, você é a mãe, o que diabos eu sou?" Respondi que, para o bebê, ela seria uma das mães de verdade — que, nesse momento, a biologia parecia uma coisa importante demais, mas que assim que nosso filho estivesse com a gente seríamos as pessoas mais próximas a ele, as mães dele. O "pai" seria mais como um tio (um tio rico), e *ela* seria a figura masculina. Até daríamos o sobrenome dela para o bebê!

Mas ela desejava a devoção que já sentia que eu direcionava para meu filho, uma devoção que ela não sentia em mim havia anos, se é que sentiu algum dia. Lucy não queria que o bebê fosse mais importante do que ela.

"A maternidade é assim", respondi. "Eu não tenho escolha."

Capítulo 16

Levaria pelo menos um ano, talvez dois, até que eu pudesse sair de casa por várias semanas e sentir a euforia de um novo lugar se revelando para mim. Eu queria um último sopro de liberdade. Queria fazer uma última oferenda para minha carreira — a coisa da qual eu mais me orgulhava, mas não por muito tempo. Meu médico disse que eu poderia viajar de avião até o terceiro trimestre. Quando eu estava grávida de cinco meses, aceitei um trabalho na Mongólia.

Cerca de um terço da população do país ainda é nômade, em tendas de feltro, ou *gers*, como os mongóis as chamam, criando carneiros, cabras e cavalos nas estepes nos meses mais quentes, quase exatamente como seus ancestrais tinham feito. Mesmo assim, o país tinha atingido um nível extraordinário de avanços para as mulheres — está na frente da Austrália no índice de igualdade de gêneros de 2012, notei, enquanto passava o documento pela tela do computador no escritório. A Mongólia tem um suprimento vasto de carvão, ouro e cobre; espera-se que a riqueza do país dobre em cinco anos. Ulaanbaatar, a capital, já tinha uma loja da Louis Vuitton não muito longe dos campos de *ger*, nos quais as pessoas se reuniam no inverno, quando a temperatura média ficava abaixo de zero. Antes do avanço, o produto de exportação mais conhecido do país era a caxemira. Como me disse Jackson Cox, um jovem consultor do Tennessee que morava em Ulaanbaatar, quando liguei: "Você está falando sobre uma economia baseada em carne de iaque e pelo de cabra". Eu escreveria sobre a transformação iminente no país enquanto o dinheiro entrava por causa da mineração e o que isso significava para as mulheres.

As pessoas ficaram preocupadas quando eu disse aonde ia, mas eu gostava de ser o tipo de mulher que iria, grávida, para o deserto de Gobi, assim como gostava da ideia de ser o tipo de garota que ia sozinha para a Índia quando era mais nova. Pensei em Christiane Amanpour, grávida aos quarenta e um anos, voando para Sarajevo para cobrir a guerra. Pensei em uma mulher que vira uns dias antes em um documentário. Ela estava com calça cargo e uma barriga grande entrevistando uma mulher em Mali que também estava grávida — elas sorriram quando tocaram a barriga uma da outra.

— Você está louca? — perguntou meu amigo Ted quando contei a ele sobre a viagem.

— Não. Eu sou racional — respondi, e pensei, *mas você não é*. Eu não sou supersticiosa e não sou fresca: se um médico me diz que não há nada de errado com uma coisa, então considero o caso resolvido. Lucy pensava como eu. Se o pai do bebê tinha uma opinião diferente, ele não a expressou.

Observei em outras grávidas um senso de superioridade moral, como se tivessem o direito de ter uma gravidez maravilhosa — acupuntura pré-natal, alimentos orgânicos —, que eu achava repugnante, o que antecedia os esforços frenéticos de transformar uma casa normal em um reino precioso do bebê. A pessoa *precisa* de uma lixeira higiênica para fraldas, um aquecedor de lencinhos, um trocador especial — uma mesa retangular não era o suficiente! —, um carrinho de seiscentos dólares, um canguru BabyBjörn, uma babá eletrônica, para não mencionar uma enfermeira à noite e uma babá.

Ainda assim, as mulheres têm filhos desde o início dos tempos sem nada disso, e de alguma maneira a espécie resistiu.

Todo esse pânico em relação à gravidez parecia um monte de besteiras e frescuras de riquinhos. Eu julgava Emma em segredo por seguir todas as regras tão meticulosamente, por ficar nervosa perto de carne malpassada e tratar o café como se fosse uma droga pesada. Eu ensinaria ao meu filho o poder de ser destemido. Eu diria para ele: "Quando você ainda estava na minha barriga, fui para o outro lado do mundo".

Eu não tinha medo de nada, exceto do inverno da Mongólia. A temporada de turismo diminuía muito em outubro, e, quando peguei meu voo no fim de novembro, as temperaturas chegavam a vinte graus abaixo de zero. Mas eu estava preparada: comprei calças de neve grandes o suficiente para acomodar minha barriga e roupas íntimas dois números maiores.

Estar grávida é sentir algum tipo de desconforto o tempo todo. Nos primeiros meses, é como acordar de ressaca todas as manhãs, mas sem nunca ter bebido nada — eu me sentia enjoada, mas com fome, sentia uma dor de cabeça constante e estava sempre doida para tirar um cochilo. Isso passou, mas uma semana antes da minha viagem para a Mongólia comecei a sentir uma dor na barriga que era nova. "Dor no ligamento redondo", foi o que ouvi de todas as minhas amigas que já tinham engravidado e li em um website pré-natal: o útero está crescendo para acomodar o bebê, à medida que ele está crescendo o suficiente para me fazer parecer de fato grávida, em vez de gordinha.

Esse pensamento me confortou durante o voo de catorze horas até Pequim, enquanto eu virava de um lado para o outro no meu assento, tentando encontrar uma posição que não fizesse meus ligamentos redondos doerem.

Quando o voo de conexão pousou na Mongólia, era manhã, mas a penumbra cinzenta e gelada fazia parecer fim de tarde. Ulaanbaatar está entre as capitais mais poluídas do mundo, bem como a mais fria. O caminho de carro até a cidade atravessava campos congelados e conjuntos de *gers,* até chegar a uma cidade abarrotada com prédios robustos da era soviética, cruzando linhas telefônicas e de bondes e antigos templos budistas com seus telhados no estilo pagoda. As pessoas nas ruas andavam de forma desajeitada e rápida, com o peso das camadas de roupa por causa do frio gélido.

Eu me encontrei com Jackson Cox na minha primeira noite na cidade. Ele tinha mandado um carro com motorista — todos os ocidentais que conheci lá tinham um carro com motorista — para me buscar no hotel Blue Sky, uma torre de vidro nova e afiada que cortava o céu frio como uma barbatana de tubarão. Seu nome era uma homenagem a Tengri, o deus do eterno céu azul, que outrora fora adorado pelos mongóis, turcos e hunos como pai de todas as coisas, com Eje, a mãe-terra. O hotel ficava do outro lado da praça de Sükhbaatar, na qual os jovens mongóis fizeram greve de fome no inverno de 1990, agitando bandeiras com imagens de Genghis Khan e dormindo em temperaturas abaixo de zero, exigindo o fim de setenta anos de controle soviético.

Uma década depois, Cox foi para Ulaanbaatar com o International Republican Institute, um braço do partido político americano que faz trabalhos de desenvolvimento em nações suscetíveis à influência capitalista. Cox acreditava fervorosamente no poder do livre mercado e, quando eu o conheci, ele estava trabalhando como a interface entre empresas estrangeiras, que queriam fazer negócios na Mongólia, e o parlamento do país, a grande assembleia estatal. Cox era gay, sulista e progressista, embora ainda se identificasse como conservador porque "aquele é meu povo", disse-me ele quando cheguei ao seu apartamento. Estava ouvindo Beyoncé e servindo champanhe para um amigo, um jovem advogado do setor de mineração de

Nova Jersey. Seu apartamento era limpo e moderno, mas modesto. Em Ulaanbaatar era mais fácil enriquecer do que gastar.

Os rapazes me avisaram que, quando eu visitasse *gers* em Gobi, deveria estar preparada para comer "a comida mais nojenta que já vi na vida", como descreveu o amigo de Cox. "Eles pegam um balde de carne que está ali há uma semana, a aquecem e acham que é uma iguaria." Respondi que se não estivesse grávida comeria tudo, mas que preferia ser considerada rude do que envenenar o bebê. "E como foi que você conseguiu esse bebê?", perguntou Cox. Descrevi o consultório médico, os exames de sangue, a seringa e o ser se movendo a que assisti pela tela do computador. Cox disse que também queria ser pai um dia.

Fomos a um restaurante francês, onde todos nós pedimos carne — frutos do mar normalmente eram horríveis na Mongólia, que não tem saída para o mar por causa dos seus vizinhos gigantescos, a China e a Rússia. Depois, eles me levaram para um bar gay secreto chamado 100 Per Cent. Poderia ser no Brooklyn, só que todo mundo na Mongólia ainda fumava em lugares fechados. Gostei de me sentar em uma mesa no ambiente escuro cheio de republicanos e fumantes gays mongóis, mas meu corpo estava estranho. Encerrei a noite cedo.

Quando acordei na manhã seguinte, a dor na minha barriga era constante. Fiquei imaginando se eu estava começando a sentir o bebê se mexer, o que todo mundo dizia que logo ia acontecer. Liguei para casa, e Lucy me orientou a procurar uma clínica ocidental só para prevenir, então mandei um e-mail para Cox pedindo o telefone do seu médico e o rabisquei num bloco. Então, saí para entrevistar as pessoas: o ministro do desenvolvimento; o presidente de uma mineradora. Havia eleições locais naquele dia, e fui a algumas zonas eleitorais com um amigo de Cox para perguntar aos eleitores sobre suas esperanças em relação ao crescimento econômico.

Minha última entrevista foi com um pastor de ovelhas conservador chamado Tsetsegee Munkhbayar, que tinha se tornado um herói do povo depois de atirar contra uma mineradora que estava desviando água das comunidades nômades. Eu o encontrei no saguão polido do meu hotel com Yondon Badral — um homem inteligente e mordaz, vestindo jeans e uma parca, que contratei como tradutor em Ulaanbaatar e, depois, para me acompanhar por alguns dias até Gobi, onde dirigiríamos um Land Rover pelas areias geladas para encontrar alguns mineiros e nômades. Munkhbayar vestia uma túnica *deel* longa e tradicional e um chapéu de pele com um pequeno falcão de metal no alto. Estava sentado em uma das cadeiras no estilo de estação espacial do Blue Sky. Era como tomar um café com leite com Kublai Khan.

No meio da entrevista, Badral parou de falar e olhou para o meu rosto; eu devia estar demonstrando desconforto. Ele disse que acontecia o mesmo com a esposa dele, que também estava grávida, algumas semanas à minha frente, e explicou a situação a Munkhbayar. A pele do nômade era rosada e rachada pelo vento; suas narinas, olhos e ouvidos pareciam ter se retraído para dentro do rosto para escapar do frio. Senti um pouco de orgulho quando ele disse que eu era corajosa por viajar para tão longe na minha condição. Mas eu estava começando a ficar preocupada.

Quase cancelei meu segundo jantar com os americanos naquela noite, mas eles se ofereceram para me encontrar no restaurante japonês do meu hotel e concluí que precisava comer. Cox partiria no dia seguinte para visitar a família no feriado de Ação de Graças e estava se sentindo culpado por ter gasto uma fortuna com uma passagem na classe executiva. Pensei no meu desconforto durante o voo e disse que provavelmente valia o gasto. "Você está sendo fresca", criticou o amigo de Cox com sarcasmo, mas não consegui rir. Algo estava acontecendo dentro de mim. Tive que sair antes que a comida chegasse.

Corri para o meu quarto, arranquei as calças e me agachei no chão do banheiro, exatamente como eu fizera em Camboja quando tive disenteria, dez anos antes. Mas a dor naquela posição era insuportável. Fiquei de joelhos e coloquei os ombros no chão, pressionando o rosto contra o ladrilho frio. Eu me lembro de pensar: *vai ser a cagada mais louca da história.*

Senti uma tempestade horrível atravessar meu corpo e, depois disso, há um breve lapso na minha lembrança; ou desmaiei de dor ou bloqueei minha memória. E, então, havia outra pessoa no chão à minha frente, movendo os braços e as pernas, *vivo*. Eu me ouvi dizer: "Isso não é nada bom". Mas parecia bom. Meu bebê era mais lindo do que uma concha do mar.

Tinha um tom de pele rosa translúcido e era muito, muito pequeno, mas perfeito. Seus lábios adoráveis abriam e fechavam, abriam e fechavam, engolindo o novo mundo. Não sei especificar quanto tempo passei ali, surpresa, paralisada. Todos os dedinhos, as unhas do pé, a sombra dourada das sobrancelhas, a elegância dos ombros — tudo isso era um milagre impressionante. Eu o levei até meu rosto, sua cabecinha e seus ombros encaixando-se na palma da minha mão, as perninhas quase chegando ao meu cotovelo. Tentei pensar em alguma coisa maternal para mostrar a ele que eu era sua mãe e que tinha a situação completamente sob controle. Beijei sua testa, e a pele dele parecia um sapo sedoso na minha boca.

Eu estava vagamente ciente de que havia uma quantidade absurda de sangue saindo de mim e aquilo acabou parecendo interessante também. Eu alternava o olhar entre meu bebê e o lago de sangue que inundava o chão do banheiro e me perguntei o que eu deveria fazer com o cordão umbilical que ligava as duas coisas. Aquilo era surpreendentemente grosso, de um branco fantasmagórico, uma corda humana retorcida. Eu tinha certeza de que precisava ser cortada — era sempre a primeira coisa que faziam nos filmes. Fiquei com medo de que, se eu não fizesse isso, o bebê sufocaria de alguma forma. Eu não tinha nenhuma tesoura. Então arranquei aquilo de mim com um puxão firme e forte.

Na minha mão, a pele dele começou a ficar arroxeada. Fui sangrando até o telefone e liguei para o número do médico de Cox que eu tinha rabiscado no meu bloco. Expliquei para a voz que atendeu que eu tinha dado à luz no Blue Sky Hotel e que só tinha dezenove semanas de gestação. A voz disse que o bebê não sobreviveria. "Ele está vivo agora", avisei, olhando para a pessoa na minha mão esquerda. A voz disse que entendia, mas que ele não resistiria, e que ia mandar uma ambulância imediatamente. Eu disse a ele que, se meu bebê não tinha chance, eu poderia muito bem pegar um táxi. Ele disse que não era uma boa ideia.

Antes de largar o telefone, tirei uma foto do meu filho. Temi que, se não fizesse isso, nunca acreditaria que ele realmente existiu.

Quando dois socorristas mongóis passaram pela porta, parei de me sentir competente e dormente. Um deles me ofereceu um absorvente interno, que eu sabia que era melhor não aceitar, mas notar que entre nós dois eu era mais bem informada despertou um pânico doentio em mim, e eu disse que precisava vomitar. Ela perguntou se eu estava bêbada, e respondi, ofendida:

— Não, estou triste.

— Então, chore — sugeriu ela. — Apenas chore, chore, chore.

O outro socorrista se inclinou e enfiou uma agulha grossa no meu antebraço, e me perguntei se teria contraído aids mongólica, mas me senti incapaz de fazer qualquer coisa a não ser chorar, chorar, chorar. Ela tentou tirar o bebê de mim, e tive um impulso de morder a mão dela. Enquanto eu me deitava na maca na ambulância com o corpinho enrolado em uma toalha no alto do meu peito, observei a cidade congelada passando pela janela. Ocorreu-me que talvez eu enlouquecesse.

Na clínica havia luzes fortes, mais agulhas e acessos intravenosos, soltei o bebê, e essa foi a última vez que o vi. Ele estava em uma mesa, e eu, em outra, distante, deitada, sem me mexer, sob as luzes berrantes, e, então, de forma muito confusa, o homem mais lindo do mundo passou pela porta e disse que era meu médico. Sua voz parecia agradável, familiar. Perguntei se ele era da África do Sul. Ele ficou surpreso por eu conseguir distinguir o sotaque dele, e expliquei que passei um tempo no país dele e, então, conversamos um pouco sobre o futuro do Congresso Nacional Africano e como a Cidade do Cabo é linda. Eu me dei conta de que estava coberta de sangue, chorando e flertando.

Peguei o telefone do médico emprestado e liguei para Lucy, que estava sentada no Jeep em frente ao nosso apartamento, esperando uma vaga para estacionar. Ela chorou e disse que ia contar aos meus pais e ao pai do bebê — que, eu tinha certeza, nunca conseguiria me perdoar, nunca me doaria seu esperma novamente, nem seu amor, nem seu dinheiro.

Já era muito tarde quando devolvi ao médico seu telefone. Ele disse que ia para casa e que eu não deveria voltar ao Blue Sky porque poderia sangrar até a morte no meu quarto sem que ninguém percebesse. Passei a noite na clínica, usando uma camiseta e um tipo de fralda geriátrica, que uma enfermeira gentil, gorda e risonha me ajudou a colocar. Então, ela perguntou: "Você quer torrada e chá?". Era leitoso e doce e me fez lembrar do chá que tomei no Himalaia, para onde eu tinha ido havia tanto tempo, antes de ter idade suficiente para me preocupar com a data de validade da minha fertilidade. Eu mantivera uma dieta firme de haxixe e chocolates Snickers nas montanhas e acabei em uma nevasca que matou várias pessoas, mas, de alguma forma, só me deixou com frio.

Eu tinha tido tanta sorte. Tão pouca coisa tinha dado errado para mim antes daquela noite no chão do banheiro. E eu sabia com a certeza que tinha agora que queria um filho, que essa mudança de sorte tinha sido culpa minha. Eu tinha entrado em um avião por vaidade e egoísmo, e o sombrio céu da Mongólia tinha me punido. Eu ainda era uma bruxa, mas meus poderes tinham acabado.

Não foi isso que o dr. John Gasson disse quando voltou à clínica na manhã seguinte. Ele me disse que eu tive um descolamento prematuro de placenta, um problema raro, que, como li posteriormente, costuma afetar mulheres que são usuárias de cocaína ou que sofrem de pressão alta. Mas, às vezes, acontece só porque você é velha. Teria acontecido em qualquer lugar, disse-me ele, repetindo, em seguida, o que dissera na noite anterior: não havia qualquer correlação entre a viagem e o aborto. Mas então ele também perguntou, não por maldade: "Então, aos trinta e oito anos, você simplesmente decidiu começar uma família?". Disse a ele que era assim que fazíamos em Manhattan. Então, avisei que precisava sair da clínica a tempo de ir à minha reunião das onze horas com o secretário do interior. Cheguei pontualmente ao seu escritório depois de voltar para o Blue Sky e tomar um banho no meu quarto, que parecia o cenário de um assassinato.

Passei os cinco dias seguintes naquele quarto. Aos poucos, percebi que provavelmente seria melhor se eu voltasse para casa em vez de ir para Gobi, mas, a princípio, eu não conseguia partir. O feriado de Ação de Graças chegou e passou. Ainda havia apagões sucessivos quando tudo escurecia, e o silêncio chegava. Eu ficava deitada na cama e comia Snickers e tomava garrafinhas de uísque do frigobar enquanto assistia a programas de TV que pareciam estranhos e sem sentido exatamente como a minha nova vida. Alguém colocou um tapete de banheiro em cima da maior mancha de sangue que já vi, a que ficava ao lado da cama, no lugar onde eu tinha me agachado quando liguei para pedir ajuda, e pouco a pouco o branco ficou vermelho e depois marrom enquanto o sangue se infiltrava e oxidava.

Olhei fixamente para ela. Olhei para a neve do lado de fora da minha janela, caindo sobre a arquitetura soviética. Porém o que eu mais olhava era a fotografia do meu bebê.

Capítulo 17

Quando voltei da Mongólia, estava tão triste que mal conseguia respirar. Não conseguia dormir. Quando eu estava sozinha, emitia sons que nunca soube que podiam sair de mim.

— Você pode ter outro — disse meu pai, desesperado, ele mesmo chorando.

— Não. Eu quero *aquele*.

Era a verdade cruel. Eu tinha esse desejo — feroz, primitivo, sem limite e louco — pela única pessoa que eu já tinha feito. O formato amendoado dos seus olhos dormindo. A graciosidade de suas costelas. Seus braços vivos e se movendo. (*Sua alma*.)

Eu queria vivenciar o amor incondicional, o que Maria havia descrito em Jerusalém: é ordenado; nunca pode ser diferente. Um amor que vem de algum lugar além do meu cérebro, além do meu ego. Ali estava. Um sentimento devastador da parte mais profunda do meu ser, tão profundo e sombrio quanto o desejo de sobreviver, um amor por alguém que só conheci durante seu sopro de vida. Ele era sangue do meu sangue.

O luto é um outro mundo. Como o mundo carnal, é um lugar no qual a razão não funciona. Racionalmente, eu sabia que a pessoa que tinha perdido não estava totalmente formada, que ele era um projeto de pessoa. Mas sem ele eu estava destruída. Se meu bebê não pudesse, de alguma forma, ser devolvido para mim, nada voltaria a ser bom. Esse inverno gélido ia continuar para todo o sempre.

Havia algo errado com a Lucy que me buscou no aeroporto JFK. Seus olhos estavam vazios. Mas eu não conseguia me concentrar nisso porque tudo era simplesmente insuportável, tudo. Um dia, tarde da noite, acordei de repente e senti que estava sangrando, não apenas no meio das pernas, mas também pelos mamilos. Quando acendi a luz, percebi que era leite, e não sangue, que estava saindo de mim.

Parecia que a tristeza estava vazando por cada orifício do meu corpo. Eu tinha acessos violentos de choro, que vinham sem aviso: na cama, no mercado, sentada no metrô. Eu não conseguia parar de contar a história do que tinha acontecido comigo. Saí para comprar roupas que servissem no meu corpo grande, mas que não tivessem elásticos para acomodar o bebê que não estava mais lá. Eu me ouvi falando para uma vendedora horrorizada: "Eu não sei qual é meu tamanho agora, porque acabei de ter um bebê. Ele morreu, mas a boa notícia é que agora eu sou gorda".

Em cinco ou seis ocasiões, encontrei por acaso mães que ficaram sabendo o que tinha acontecido comigo, e elas olharam para mim e explodiram em lágrimas. (Uma vez, isso aconteceu com um homem.) Mulheres com boas intenções diziam "Eu também sofri um aborto espontâneo", e eu respondia com uma intensidade intimidante: "Ele estava *vivo*". Em geral, depois de dizer isso, eu tentava fazê-los olhar a foto que tirei do bebê com meu telefone.

É claro que sei que eu não deveria dizer *o bebê*. Eu nem deveria pensar assim. Ele não foi alguém que dormiu e brincou; não tivemos uma rotina; ele não estabeleceu preferências nem expressões faciais. Mas a declaração *eu sofri um aborto espontâneo* não soava verdadeira.

Eurípedes escreveu: "Que maior lamento pode existir para os mortais do que ver seus filhos mortos?". Era mais assim que eu me sentia.

Será que tenho permissão para falar "meu filho"? Será que aquilo não era a declaração do fato de que eu tinha dado à luz no piso do banheiro do hotel Blue Sky na Mongólia e visto meu filho nascer e morrer?

Para todos os lugares que eu olhava, havia mulheres grávidas, uma demonstração berrante e repulsiva.

O tempo não passava. Pensei no romance de Simone de Beauvoir, *A mulher desiludida*. "Meu relógio parou?", escreveu ela. "Não. Mas seus ponteiros não parecem dar as voltas. Não olhe para eles. Pense em outra coisa — qualquer outra coisa; pense em ontem, um dia calmo, normal, fácil, apesar da tensão nervosa da espera." Não havia mais uma data prevista pela qual ansiar, mas eu geralmente me distraía com um tipo venenoso de contagem: sete dias atrás, ele ainda estava vivo. Quinze dias atrás, eu o vi se mexendo na ultrassonografia. (Isso continuou por muito tempo: mês que vem eu entraria em trabalho de parto. E depois: ele estaria fazendo uma semana de vida agora... seis meses... um ano. *Enquanto escrevo isso, ele teria dois anos e meio.*) Não fiz nada a respeito dos e-mails que chegavam do website de gestantes todas as segundas-feiras com as novidades sobre o desenvolvimento dele.

Todos os caminhos levavam ao meu filho. Se eu assistisse a um filme com um menininho, eu via as sombras de como seu rosto ficaria. Se eu fizesse uma caminhada ao longo do gelado rio Hudson, pensava em quantas camadas de roupa seriam necessárias para que ele pudesse sair comigo: um suéter, um macacão *e* o cobertorzinho azul de baleia? Eu o via atrás das minhas pálpebras fechadas como uma marca do sol forte.

Fui a médicos — especialistas — para tirar vários frascos de sangue para ser testado. (Desde aquela noite na clínica na Mongólia, a sensação de agulhas nos meus braços, a visão do meu próprio sangue passando pelos tubos finos, tinha se tornado uma rotina.) Estavam fazendo exames para descobrir se meu deslocamento de placenta tinha sido provocado por algum problema de coagulação ou talvez alguma predisposição genética.

Era crucial demonstrar um simulacro convincente de sanidade para os profissionais de saúde: não devo chorar nem parecer insana; tinha que fazer as perguntas para as quais uma pessoa racional na minha situação ia querer respostas. Perguntas sobre a pressão da cabine do avião, por exemplo: se as pessoas podem ter coágulos em voos longos, será que isso não atrapalhou o fluxo no útero e na placenta? Não é assim, explicaram eles. As pessoas têm coágulos em voos longos por ficarem sentadas por muito tempo, não porque estão voando.

Será que eu tinha me lembrado de me levantar e alongar durante o voo? Claro que sim. Como qualquer mulher grávida, precisei usar o banheiro a cada vinte minutos.

Eu poderia ter outro filho? Sim, mas o risco de um aborto espontâneo seria maior agora. (Não consigo ver como poderia ser maior do que já ter *acontecido*.)

Fui me consultar com um médico careca, um grande especialista em gestação de alto risco que meu plano de saúde não cobria, no centro médico Weill Cornell. Eu pagaria qualquer coisa; ele era *o* especialista, todo mundo disse isso — a palavra dele seria a final. Ele estava sentado atrás de uma mesa grande de madeira, em frente a uma estante cheia de livros de medicina. Gostei do fato de não haver fotos de bebês penduradas nas paredes, nem imagens da sua família em porta-retratos na sua mesa. "Não há motivo para pensar que a mesma coisa não teria acontecido se você nunca tivesse deixado Nova York", declarou ele depois de avaliar os resultados dos exames.

Assenti e tentei parecer competente, equilibrada, atenta — como uma pessoa que poderia estar sentada ao lado dele em um jantar. Mas eu não estava lá de fato para descobrir o que tinha dado errado. Eu não me importava com o fato de todos os meus exames de sangue estarem normais. Eu não ligava para o fato de estar "perfeitamente bem". Em segredo, eu ainda tomava ácido fólico todos os dias, só pra garantir. E a única coisa que eu queria saber era como pegar o que tinha acontecido e desfazer aquilo. Eu sabia que não poderia falar isso em voz alta, mas olhei para o médico e desejei que ele respondesse à minha pergunta: *Como faço para tê-lo de volta?*

Capítulo 18

Lucy — minha Lucy — tinha desaparecido. Do momento em que ela estacionou no aeroporto Kennedy, odiei o zumbi que engoliu minha esposa. Percebi que ela tinha desaparecido havia muito tempo. Às vezes, eu me ocupava imaginando se ela havia me deixado antes ou depois de eu tê-la traído. Nunca vou saber de fato, e isso não importava mais, mas havia momentos nos quais eu considerava isso uma pausa desejável de pensar sobre o bebê. Quando eu dormia, sonhava com lábios em concha e céus congelados.

Como as pessoas faziam isso? As pessoas que perderam filhos que tinham existido — não por minutos, mas por dias, décadas? Filhos que tinham voz, que abriram os olhos. Filhos com nomes. Será que essas pessoas acordavam todas as manhãs, até o dia de sua morte, e *imploravam* que a Mãe Natureza devolvesse o que tinha dado e depois tirado?

Uma tarde, um dos funcionários de Lucy ligou para dizer que a equipe dela queria fazer uma intervenção; todos iam pedir demissão caso ela não procurasse ajuda. Ela apareceu bêbada em uma reunião — várias reuniões, na verdade. Eu disse que aquilo não fazia sentido: Lucy já estava sóbria havia mais de cinco meses. *Ela parou de beber para que eu pudesse engravidar*. Ele disse que sentia muito por ser a pessoa a me contar que aquele não era o caso.

Três semanas depois de eu ter voltado da Mongólia, Lucy foi para uma clínica de reabilitação.

Por vários dias depois que ela foi embora, eu não conseguia dormir na nossa cama. Fui para o apartamento de Matt e disse a ele que não, eu não queria dormir no sofá, e que também não queria que ele dormisse lá. Eu queria dormir ao lado dele, onde eu poderia ouvir sua respiração, para saber que ele não tinha desaparecido na escuridão como minha esposa e meu filho.

Capítulo 19

Todas as minhas conjurações só resultaram em ruína e morte. Agora eu era uma bruxa ferida, chorando na floresta, arruinada.

Havia um elemento de pureza na experiência que eu quase conseguia apreciar. Eu não precisava decidir se queria ser mãe. Eu não me importava com liberdade, sexualidade, casamento nem monogamia. Eu não precisava me sentir louca por não conseguir compreender onde Lucy estava nem por que parecia estranha nem por que sempre passava tanto tempo no porão. As informações estavam todas ali e eram terríveis, e não havia nada que eu pudesse fazer para consertar aquilo. Meu eu competente — tão forte, *desde a infância*, tão perspicaz, sempre procurando oportunidades, aventuras, glória, sempre tentando me proteger da derrota — tinha sido esmagado. A escancarada tristeza eterna tinha falado: você não controla *nada*.

Recebi um e-mail muito bonito do pai do bebê quando eu ainda estava na Mongólia. A natureza é devastadora, ele tinha escrito. É por isso que existem tantas pinhas no chão da floresta — sua mãe lhe mostrara isso quando ele era criança e explicara que a natureza começa muito mais projetos do que consegue terminar.

No início, ele queria tentar de novo. Mas depois, não. E, então, minha ruína estava completa.

Quando entrei no avião para a Mongólia, eu estava grávida, morando com minha esposa, mudando-me para um adorável apartamento e protegida financeiramente por um homem rico. Um mês depois, nada disso era verdade. Em vez disso, eu estava com trinta e oito anos, sem filhos, sozinha, emocional e financeiramente despreparada para ser mãe solteira. Eu me tornei uma história que serve de alerta, como as mulheres que Elizabeth Hardwick descreve em *Noites insones*, que "vagam em sua liberdade odiosa como gado velho deixado para trás, totalmente sem cuidados".*

Meu luto primitivo estava intermitentemente maculado pelo horror. Pensei nas palavras arrepiantes que um amigo uma vez usou para explicar por que sua irmã mais velha tinha se casado com um homem que não amava quando seu período de fertilidade estava chegando ao fim: ela tinha saído da pista de decolagem.

À noite, eu me acomodava no sofá e chorava a ponto de gritar — no sofá que o pai do bebê e eu tínhamos escolhido juntos em uma loja elegante depois que assinei meu primeiro contrato para escrever um livro, quando nossa amizade ainda estava começando. Quando eu era jovem. Quando eu não fazia ideia de que, por toda a cidade, por todo o mundo, havia pessoas andando por aí, presas em seus próprios universos de perda, sistemas solares independentes de sofrimento separados do mundo normal, no qual as coisas fazem sentido, e a linguagem é tudo de que se precisa para dizer a verdade.

O luto é um mundo pelo qual você anda em carne viva, sem proteção. Uma pessoa poderia falar comigo com grosseria — ou até mesmo com urgência — na rua ou em um elevador, e eu sentia que estava

* Tradução livre. (N. T.)

desmoronando, a membrana de normalidade que eu vestia para sair de casa se desfazia. Melhor ficar dentro do meu confortável apartamento, sozinha com as gatas, onde não era preciso fingir estar intacta.

Meu quarto era quase inteiramente ocupado pela cama e por duas janelas de ventilação. Era como uma cabine de um navio: lá dentro, eu velejava por sobre árvores e telhados de Chelsea pela aurora arroxeada, seguindo para o céu frio da noite. Ou, ao meio-dia, depois de uma cochilada leve, eu era chamada ao deque pelo som de crianças gritando de satisfação do outro lado da rua no Clement Clarke Moore Park. Meio-dia se transformava em quatro horas da tarde; quatro horas da tarde se transformavam em quatro horas da manhã. O fluxo de sangue, a luz escoando e voltando do céu.

Havia um longo corredor ligando aquele quarto à sala e à minha pequena cozinha, e eu jogava bolas e brinquedos para as gatas pegarem. *Graças a Deus tenho as gatas*, pensava, quando elas tinham a compaixão de dormir ao meu lado no sofá ou pareciam curiosas, mas imperturbáveis, enquanto eu berrava. Eram boas companheiras para se ter nesse novo mundo do luto: não verbais, carinhosas, não mais confusas com a agonia do que com a lava-louças.

Minha mãe veio ficar comigo. Pedimos rolinhos primavera e legumes cozidos no vapor com molho de soja. Quando perguntava: "O que vai ser de mim?", ela respondia: "Você vai ficar bem". Às vezes, dizia: "Você não está sozinha".

Ela dormia ao meu lado com sua camisola verde de estampa florida, uma das poucas sem costuras que roçavam nas cicatrizes que coçavam e dividiam seu torso em diferentes distritos: a pele retorcida no norte, onde costumava haver dois seios fartos; a barriga cortada de onde tiraram gordura para reconstruir o seio esquerdo da minha mãe depois da primeira mastectomia, após detectarem o primeiro câncer. Alguns anos mais tarde, descobriram um segundo câncer no seio direito, e minha mãe exigiu que tirassem ambos os seios de uma vez por todas. Não quis fazer uma reconstrução mamária. Já estava farta de hospitais àquela altura. Ela costumava ter dois seios e duas vidas; costumava parecer incompreensível. A vida corroeu seu corpo, sua inquietação, suas expectativas e a deixou, de alguma forma, gentil e contente.

Eu estava com quase trinta anos quando o primeiro câncer foi detectado e com trinta e poucos quando encontraram o segundo. Fiquei com medo, triste e abalada nas duas vezes. Mas não havia de fato me permitido me colocar no lugar dela, uma mulher solteira de sessenta anos lutando contra a morte e vivendo com uma dor crônica e um corpo transformado por amputações. Desde a puberdade, ela estava consciente do olhar das outras pessoas (homens) sobre seus seios, absorvendo o tamanho considerável que tinham. Agora notava os olhares que absorviam a notável ausência deles.

Ela tinha a própria dor. Ela tinha as próprias razões. Isso foi algo que nunca enxerguei com clareza antes de vislumbrar rapidamente a maternidade diante dos meus olhos, arruinando e intensificando minha visão. Nada mais voltou a ser igual depois disso.

Capítulo 20

Empacotei cuidadosamente as coisas de Lucy nas caixas de papelão corrugado, nas quais minhas calças térmicas e luvas especiais para a viagem para a Mongólia tinham chegado, algumas semanas antes, enviadas pela L. L. Bean. Parte de mim estava sentimental enquanto olhava quais camisetas, quais pijamas seriam mais reconfortantes para ela durante a reabilitação. Ela deveria ter seus tênis caso quisesse voltar a correr — o que seria saudável e bom para ela. Se Lucy pudesse voltar ao atletismo, talvez tivesse algo em que se concentrar, e isso a ajudaria. Ela precisaria de sutiã esportivo, calças de caminhada e meias, as quais enrolei em bolinhas. Ia querer parecer no controle também, manter as aparências era importante para ela. Coloquei seus sapatos de camurça e o suéter de caxemira cinza. Dobrei sua calça jeans preferida e a guardei com a camisa azul xadrez que lhe dei de presente de Natal, confortável, mas elegante. Ela tinha ficado tão feliz ao desembrulhar o presente — era muito fácil presentear Lucy. Qualquer coisa que ficaria bonita em um urso de pelúcia lhe agradava: calças de veludo e camisas de algodão nunca eram demais para ela.

Mas aquilo não passava de fachada, não é mesmo? Sua saúde, sua reabilitação?

A audácia de ela se desintegrar naquele momento. *Como ela pôde fazer isso comigo?* O horror das dívidas crescentes dela — empréstimos sobre os quais eu não sabia, o custo do seu tratamento. *A obrigação dela era me dar segurança.* A necessidade óbvia de vendermos a casa em Shelter Island para pagar tudo. *Será que não tenho mais nada no mundo?* A indignidade de um terapeuta especializado em vício na clínica de reabilitação — um estranho! — informando-me que eu não deveria ligar para minha esposa para exigir a verdade quando as mentiras se revelavam na minha mente: não era disso que Lucy precisava no momento.

Do que ela *precisa? É com ela que estamos preocupados? O que uma garota precisa fazer para ser a vítima por aqui?*

Como ela se atreveu a continuar bebendo durante todo esse tempo enquanto jurava estar sóbria? Fiquei doente de culpa por causa do meu caso por dois anos, e durante todo esse tempo ela estava mentindo sobre isso? Eu disse para ela, muitas vezes: "Eu me sinto *insana*". E ela nunca disse "Você não está louca. Você está certa".

Tirei nossas fotografias das paredes e as coloquei na gaveta. Espalhei minhas roupas pelos dois armários sem pensar. Lacrei a caixa das coisas dela e enviei pelo correio.

Parte de mim só queria tirar todas as merdas dela da minha casa.

Nunca fui muito boa em inventar coisas. Eu era boa em ver as coisas que estavam diante de mim, decidir o que significavam e escrever sobre elas para influenciar os outros com minha percepção. Como foi que não percebi que Lucy nunca tinha parado de beber? Existiam centenas de vestígios do seu alcoolismo. As latas vazias de cerveja que encontrei — absurdamente — entre a pia e o aquecedor no banheiro da casa de Shelter Island logo depois que cheguei da Mongólia. ("Devem ser de antes de eu parar de beber", explicou ela.) Onde ela *estava* o tempo todo? Por que estava sempre cansada, deitada para um cochilo no sofá no meio de um jantar na casa de amigos? Por que sua personalidade parecia sutil, mas insistentemente desajustada metade do tempo quando voltava para casa do trabalho?

Só muito depois fui perceber que nunca importava quais perguntas eu fazia ou quão astutamente eu analisava as respostas. Viciados *mentem*. (Isso não deveria ter sido tão difícil para minha compreensão: quando estava viciada no meu caso, eu mentia o tempo todo, às vezes para esconder as pistas, outras simplesmente por hábito.)

Mas o fato de eu ter falhado em compreender as bebedeiras de Lucy era algo sem importância, não era nada. Como não consegui perceber algo que era óbvio para todo mundo? *Ninguém viaja para a Mongólia quando está grávida.*

Capítulo 21

Meu amigo David Klagsbrun, criado na esquina da minha rua em Larchmont, ia fazer quarenta anos no inverno, e Matt e eu fomos de carro até sua festa em Katonah, onde ele vivia com a esposa e os dois filhos pequenos. Era bom sair de novo de carro com Matt, como costumávamos fazer.

No verão do nosso primeiro ano na faculdade, trabalhei em um restaurante francês em Larchmont, e Matt vendia um pó de limpeza para tanques sépticos. À noite, depois do jantar, ele me buscava na casa da minha mãe com seu carro cinza, e eu enrolava um baseado para nós. "Não aperte muito, Ar", pedia ele todas as vezes, e todas as vezes eu respondia "Eu *sei*", e quase todas as vezes eu apertava demais — e a gente fumava enquanto passava pela casa de David Klagsbrun, pela escola paroquial na Weaver Street, que parecia um prédio do corpo de bombeiros, passávamos pela ponte perto da saída para a escola judaica que frequentei quando exigi ter um *bat mitzvah* porque todo mundo ia ter um (e onde fiz o papel de Tzeitel na nossa produção de *Um violinista do telhado,* discuti com o professor sobre o ponto dramático e ele disse, exasperado: "Você quer dirigir a peça?", e eu respondi: "Meu Deus, *sim*".) Então contornávamos

Manor, a parte da cidade com jardins que mais pareciam parques e o tipo de casa que faz você ficar olhando com desejo, mesmo quando tem dezenove anos, como nós, e não queria nada mais do que sair dos subúrbios.

Havia a casa vitoriana verde com sua varanda grande e tranquila; a mansão gótica que era a favorita de Matt; o casarão no estilo mediterrâneo com telhas vermelhas no telhado e uma grande estufa na lateral que eu queria para mim. Passeávamos por ali na escuridão calma, olhando, chapados e cobiçosos, para as casas, os carvalhos de cem anos, as luzes verdes brilhantes em Long Island em algum lugar do outro lado do mar. E tudo aquilo parecia nosso porque estávamos na faculdade, e não morávamos mais ali. Costumávamos pertencer àquela cidade, estar presos nela, mas agora ela se tornara nosso parque de diversões noturno, um filme pelo qual passávamos de carro.

Estávamos economizando dinheiro naquele verão para fazer uma viagem de carro para a Califórnia. "Califórnia, Max!", exclamávamos, citando a fala de Tony Roberts em *Noivo neurótico, noiva nervosa*. Partimos no meio de agosto com seiscentos dólares cada um e dirigimos por dias, cruzando a extensão infinita da Pensilvânia e de Ohio, o verde interessante do Kansas. Mas nunca nos sentimos presos. O carro era nossa nave espacial: sentíamos que, quando estávamos lá dentro, a pressão atmosférica era diferente da de todo mundo.

"*I'm Lester the Nightfly/Hello Baton Rouge*!", cantava Donald Fagen no rádio do carro. Conversávamos sobre o irmão de Matt, sobre meus pais, Emma e David Klagsbrun. Ou sobre jazz: Matt sempre ficava satisfeito se eu conseguisse identificar a voz de Sarah Vaughan em uma música — ele me disse que, quando as pessoas falam: "Parece Ella", significa que não sabem nada, estão basicamente dizendo "Tem gosto de frango". Nós dois estávamos curtindo ler contos naquele verão, então conversávamos sobre Lorrie Moore, J. D. Salinger,

Raymond Carver e Mary Gaitskill. E isso geralmente levava ao assunto principal: quem seríamos quando crescêssemos.

Eu adorava dirigir de madrugada, quando Matt dormia no banco do passageiro, e eu me tornava toda-poderosa, imortal, sem necessidade de sono, comida ou conversa. Eu só precisava de gasolina e da estrada, que se estendia à nossa frente, pela escuridão, pela chuva, pelos raios, pelas montanhas e pelo céu. Lembro-me da manhã violeta quando cruzamos o estado de Utah, e na luz que chegava eu conseguia ver que o terreno ao lado da estrada estava todo branco, embora estivesse quente demais para nevar. Matt acordou quando parei no acostamento, e nós saímos do carro e caminhamos pela crosta mineral do Deserto do Grande Lago Salgado, quilômetros de brancura cintilante.

Um dia depois, quando estávamos chegando à Califórnia, estava quente demais na estrada, e vimos um laguinho. Não sabíamos se era um reservatório, um lago ou o quê, mas sabíamos que era nosso. Estacionamos, corremos pela estrada, tiramos a roupa e pulamos na água, que estava refrescante na medida certa e tinha um cheiro puro e perfeito, e era por *aquilo* que tínhamos esperado toda nossa infância. Não havia almoço nem jantar, não havia dever de casa nem escola, não havia roupas de banho nem regras.

Em Katonah, no jantar de comemoração dos quarenta anos de David Klagsbrun, encontramos seus novos amigos do subúrbio. Eles eram diferentes de nós, Matt e eu notamos, mais adultos (menos divertidos). Fiquei batendo papo no deque frio do restaurante com uma mulher de cabelo cacheado, e ela me contou sobre as filhas e como estava exausta o tempo todo, e, então, algo se encaixou na sua cabeça, ela olhou para mim sem saber ao certo o que fazer. E perguntou: "Você é a Ariel com quem todas aquelas coisas ruins aconteceram?".

Eu confirmei e me perguntei que outra Ariel poderia ser.

Ela disse: "Tudo acontece por um motivo".

Tecnicamente, essa é a confirmação de um fato. O motivo de eu estar falando com aquela mulher era porque ela era amiga de David. O motivo de ser amiga de David foi ele ter se mudado para o subúrbio, onde não conhecia ninguém. O motivo de não conhecer ninguém era que seus melhores amigos (os *verdadeiros*) tinham crescido com ele naquele mesmo subúrbio e jurado nunca mais voltar porque, mesmo que Westchester fosse tranquilo e maravilhosamente desenvolvido, havia um silêncio vazio que caía lá todos os dias desde o Ano-Novo até plantas que conseguem sugar toda a alegria da sua vida crescerem. Era isso que ela queria dizer?

Contei aos outros sobre aquela conversa no dia seguinte, e não conseguíamos parar de repetir aquilo. O motivo de Matt estar excitado era porque estava sem transar havia meses. O motivo disso era porque toda vez que ia a um encontro marcado pela internet ele começava a se preocupar com o inevitável rompimento que precisaria enfrentar para iniciar o sexo que o precederia. O filho de seis anos de David chegou do quintal e começou a brincar também: o motivo de estar bebendo suco era porque estava com sede. O motivo de estar com sede era porque tinha corrido com o irmão, ainda de pijama com protetor de pés (que também era o motivo de haver lama por todos os lados). Estava claro: tudo acontece por pelo menos um motivo.

Foi divertido. Mais ou menos. O motivo de ter sido apenas mais ou menos divertido foi porque minha vida tinha desmoronado. Ao contrário das pessoas na festa, com suas casas cheias de parceiros e filhos, eu estava sozinha e sem porto, exatamente como vinte anos antes, nesse mesmo subúrbio, andando com as mesmas figuras. Nas décadas que se passaram, achei que estava indo a algum lugar. Mas eu só estava dirigindo por aí.

Parte Três

Capítulo 22

Recebo um e-mail do dr. John Gasson, o diretor médico da sos International Clinic de Ulaanbaatar. Como prometido, ele enviou meu relatório médico, que preciso submeter ao meu plano de saúde. Ele também anexou um estudo sobre partos prematuros que havia mencionado quando eu estava na clínica. "Só para o caso de você ainda ter alguma dúvida ou sentimento de culpa", escreveu ele.

Pergunto se é normal eu estar produzindo leite. Ele explica que a oxitocina que causa as contrações também sinaliza para o corpo produzir leite. Ele acrescenta que "esse reflexo depois de um aborto espontâneo é um dos truques mais cruéis da natureza", o que acho um modo muito elegante de descrever o que está acontecendo comigo.

Dr. John pergunta como estou me sentindo. Digo que estou no inferno. Mas só o fato de ele ter perguntado, de me comunicar com a pessoa que estava lá naquela noite, é um bálsamo maior que qualquer outro.

Eu agradeço por perguntar. Agradeço por ter sido tão bom comigo na clínica. Pergunto também se está ainda mais frio na cidade. Ele responde que sim, mas que o verdadeiro problema é a poluição: quanto mais frio fica, mais lixo e carvão as pessoas queimam nas ruas para se aquecer e mais difícil fica respirar.

Ele só passa parte do ano em Ulaanbaatar. Explica que mora seis meses do ano do outro lado do mundo, na África do Sul, em uma casa que ele mesmo construiu. Lá ele tem um estábulo que construiu para seus cavalos e, na casa ao lado, seus dois filhos adolescentes e a mãe deles moram com o segundo marido dela. Quando dr. John está em casa, ele vai surfar cedo de manhã com seu filho de dezessete anos e sai para cavalgar com o mais novo quando ele chega da escola. "Sinto falta dos meus filhos e dos cavalos quando estou longe, e isso pode ser difícil", escreve ele. "Eles logo vão acabar o colégio e ir para a faculdade. Então, só vou ter os cavalos para sentir saudade."

Conto a ele sobre o tempo que passei na Cidade do Cabo, sobre meu motorista etíope, Zerihun, e como subimos, a pé, a Table Mountain juntos quando tivemos tempo entre as entrevistas. Descrevi o encontro com a equipe de trilha em Limpopo, o encontro em Pretória com Caster Semenya.

Na verdade, ele conhecia aquela história: tinha lido alguns dos meus artigos na internet. Ele diz que gosta de como escrevo.

Gosto do jeito como ele escreve também: "Uma das melhores histórias do meu pai envolve ser acordado de madrugada e sair às pressas enquanto a casa estava pegando fogo. Meu pai se lembra dele mesmo e do irmão espiando pelo para-brisa traseiro do carro, ainda de pijama vitoriano, enquanto o céu noturno iluminava a cidade de Barberton cada vez mais distante. A veracidade desse relato é suspeita, mas o fato é que alguns documentos muito incriminadores desapareceram, convenientemente, no incêndio. Meu avô era um advogado irlandês com moral altamente suspeita, e a família está convencida de que minha avó assumiu a responsabilidade de limpar os rastros dele. Ela o abandonava com frequência, mas se casou com ele em três ocasiões distintas, então o sujeito obviamente tinha um certo charme quando não estava na cadeia". As frases dele eram garbosas! E estrangeiras. Elas soavam como se tivessem sido escritas não apenas em outro lugar, mas em outra época também. Suas histórias me transportavam.

Dr. John me conta sobre sua infância na Zâmbia e no Zimbábue — Rodésia, para ele, na época. Quando era criança, não se perguntava por que, sendo ingleses, como as pessoas com quem se socializavam consideravam ser, eles moravam em um país onde todos falavam xona e ndebele. Ele realmente não compreendia o que significava seu pai — também médico — e seu avô antes dele serem colonialistas até muitos anos mais tarde, quando começou a questionar tudo o que havia aprendido sobre negros, brancos e onde se encaixava. Na adolescência, ele simplesmente considerava a África seu lar.

Ele me conta sobre a vez em que capotou com o carro do irmão quando estava voltando da cordilheira Chimanimani quando ainda estava no ensino médio, e eles se esgueiraram em um hotel em Bulawayo, tomaram um banho, pediram carona para voltar para casa, limpos e contentes com sua engenhosidade, e chegaram um pouco antes do horário marcado. Seu irmão, Greg, era seu melhor amigo na infância; os dois tinham uma diferença de dois anos. A mãe deles morreu quando eram bem pequenos. Greg também morreu, em um acidente de moto, quando tinha vinte e um anos. Consigo sentir como o dr. John Gasson era — é — assombrado por essas perdas mesmo a dez mil quilômetros de distância. A mãe, o irmão, o pai, o país, nada disso existia mais, tudo fazia parte do passado.

Quando conversamos por escrito, tudo parece completo, discreto. Não preciso explicar o que acabou de acontecer; ele estava lá. Ao contrário das outras pessoas na minha vida, ele nunca conheceu Lucy, nunca me conheceu como uma das metades de um casal, então, quando trocamos e-mails, a sensação de perda é um pouco menor. Nos confins da nossa amizade epistolar, não faltam peças da minha vida — a não ser a que saiu do meu próprio corpo, aquela que apenas o dr. John viu. Não uma foto da parte, a pessoa.

Às vezes, eu me pergunto se meu luto é desproporcional, inapropriado. "Eu vi meu pai desmoronar quando meu irmão morreu", ele me conta. "Mas ele teve o consolo de ter conhecido o adulto que meu irmão se tornou brevemente. Você não sabe nem como seu filho teria sido como um menino. Eu sinto muito, desesperadamente, por você."

Apenas o dr. John o viu e somente o dr. John me viu com ele. Só o dr. John viu o que é tão violentamente verdadeiro para mim e que não suporto que seja invisível para o resto do mundo: *Aqui está uma mãe com seu bebê que morreu.*

Então, de certa forma, nossa amizade é um tipo de ficção. Somos duas pessoas em lados opostos da Terra que não se conhecem, que trocam e-mails como se fossem familiares. (No início, trocamos apenas alguns, aqui e ali. Mas logo estamos escrevendo regularmente um para o outro. E a primeira coisa que faço quando acordo, depois de parar de chorar, é verificar se ele me mandou algum e-mail cheio de histórias sobre lugares que nunca vi, em uma voz que é aventureira, mas, de alguma forma, íntima.) De outra forma, esses e-mails — e aquela foto — são as únicas coisas verdadeiras para mim.

CAPÍTULO 23

LOGO CHEGA O NATAL. Nova York está fria e elegante, e as luzes brancas brilham nos prédios como joias em uma dama majestosa. Matt está no meu sofá. Eu preparo os pedaços de frango e assistimos a reprises de *Seinfeld* e ao *pay-per-view,* e choro no banho.

— Devo comprar mais vinho? — pergunta Matt periodicamente.

— Claro — respondo. — *Eu* não sou alcoólatra. Também não estou grávida.

Na noite de Natal, uso o único vestido que me serve e levo Matt a uma festa na casa do escritor Gay Talese. São pelo menos umas cem pessoas, e elas usam pérolas e batom vermelho ou bons ternos; há garçons com gravata-borboleta preta e pedaços de bife rosado em bandejas. Talese está apertando a mão do prefeito Bloomberg, dois homens de cabelo branco, satisfeitos com suas estações, satisfeitos com sua vida nova-iorquina.

Na festa do ano anterior, Lucy e eu tínhamos conversado com Nora Ephron, cujo perfil eu fizera uma vez para a *The New Yorker.* "Tenho um número enorme de amigos que conseguiram mudar de vida", disse-me Ephron na primeira vez em que a entrevistei. "Mulheres bem mais que homens. É a parte boa de as coisas não serem muito justas: não tem muito problema se uma mulher disser 'Vou aceitar uma redução de salário e ver se posso ser outra coisa... uma cantora de bar'." Ela mesma tinha mudado a própria vida, deixando de ser jornalista para se tornar talvez uma das diretoras mais famosas de Hollywood, depois que Carl Bernstein a traiu de forma notória quando ela estava grávida, e o casamento acabou. ("Tudo é uma cópia", disse ela.)

Ephron era contra choramingar. Disse que não acreditava nisso. "Não estou dizendo que você não pode se sentar em casa e sentir pena de si mesma — *por pouco tempo*", disse ela uma tarde, quando estávamos sentadas em seu sofá, assistindo ao sol se pôr atrás do Chrysler Building pela janela da sua sala de estar. "Mas acho que logo depois você precisa começar a digitar e fazer o que vier em seguida." Ela devia saber que estava morrendo quando disse isso. Ela se foi algumas semanas antes de eu engravidar.

Noto seu filho e o viúvo entrarem pela porta da casa dos Taleses enquanto Matt foi procurar uma taça de champanhe. Eles parecem como eu: destruídos. Eu me pergunto se choramingam por terem perdido Nora, agora que ela não está por perto para repreendê-los.

Depois do jantar, Matt sugere que a gente pegue um táxi e vá para o Carlyle: "Estamos vestidos para isso", diz ele, dando de ombros. É o que fazemos e pedimos Manhattans no Bemelmans Bar, onde o teto está coberto de folhas douradas, as paredes estão pintadas com murais de parques franceses, e Madalena está na fila com seus colegas na frente de uma freira risonha. Ouvimos um trio de jazz (acho que eles são muito bons; Matt diz: "Tem gosto de frango"), mas também conversamos muito e fazemos o outro rir como sempre fizemos desde os catorze anos — o suficiente para implorar para a outra pessoa calar a boca. Existem momentos brilhantes nos quais tenho uma sensação de gratidão.

Quando voltamos ao apartamento, imploro para Matt colocar um enorme pijama cor-de-rosa com margaridas que minha madrasta me deu no *chanucá*: "Por favor, já passei por tanta coisa!". Por fim, ele se rende e o veste e então dá uma voltinha na mesa de centro por um tempo. Eu me sinto menos sozinha do que em meses.

Por algum motivo, ainda tenho Matt. Ainda tenho Emma. Ainda tenho Nova York, e ainda sou escritora.

E a verdade é que os dez ou vinte minutos em que fui mãe de alguém foram magia negra. E eu não os trocaria por nada no mundo. Não existe nenhum outro lugar que eu preferiria ter visto.

Capítulo 24

Vou visitar Lucy na clínica de reabilitação. Estamos sentadas em um consultório abafado com uma de suas terapeutas, que usa as palavras de forma estranha: em vez de dizer "vivendo com culpa", ela diz "vivendo *em* culpa"; em vez de dizer "bebendo", ela diz "usando". A mulher me encoraja a ir ao Al-Anon — que parece algo tirado da Cientologia, mas também do árabe. (E por que *eu* tenho que ir a algum lugar? Não sou eu que tenho um problema.) A sala onde estamos é muito pequena; a janela, que estava trancada como as janelas de hotel hoje em dia, tem vista para um estacionamento

Lucy está usando as roupas que mandei para ela. Parece limpa e um pouco bronzeada e está com cheiro de protetor solar e sabão em pó. Quero tocar sua cabeça, colocar seu cabelo castanho-claro atrás das suas orelhas. Também quero dar um tapa nela.

Pergunto sobre as vezes em que desconfiei de que ela tinha bebido, e ela me diz que invariavelmente, sim, ela tinha e, na verdade, era muito pior do que isso. Acontecia todos os dias, às vezes começando pela manhã, em um bar, antes do trabalho. Ela descreve um desejo implacável que a acompanhava o tempo todo. Ela tentava contê-lo tomando apenas o suficiente, mas não tanto a ponto de as pessoas notarem. Era uma tarefa exaustiva e isoladora, da qual ela não tinha alívio.

É desagradável e surpreendente perceber que não sinto a raiva nem a sensação de traição que venho cultivando, mas sim uma empatia horrenda: como deve ter sido solitário para ela. Enquanto eu estava trocando e-mails com o pai do bebê sobre nomes, decorando o novo apartamento na minha cabeça, Lucy era uma escrava. E não podia me contar.

Penso nas fotografias de Lucy quando era criança: sardenta, travessa, radiante. Em pé, em frente ao monte Rushmore, em preto e branco, com cinco anos, usando botas de vaqueira. Um pouco mais velha, tentando fazer um *plié* em uma roupa ridícula cor-de-rosa de bailarina, empenhada, mas insuficiente. Na fotografia que sempre mantive na minha mesinha de cabeceira, até eu enfiá-la na gaveta depois que ela foi embora, Lucy não podia ter mais do que um aninho, mal tinha cabelo. Mas já era Lucy: o sorriso brilhante como o sol. Sinto essa vontade excruciante de que ela voltasse no tempo, até virar um bebê, para que eu pudesse criá-la agora. Para que eu pudesse perdoá-la por tudo, por qualquer coisa, e amá-la com toda a violência do meu coração, e nenhuma necessidade.

A terapeuta diz que estamos "no início de uma longa jornada montanha acima". Ela diz: "Recaídas fazem parte da recuperação".

Eu penso: *Você só pode estar de sacanagem comigo.*

Pergunto: "E eu pareço alguém que está pronta para uma longa jornada montanha acima?". Lucy dá um riso abafado por um segundo, e eu a amo, eu a amo muito mais do que eu gostaria.

Mas estou esgotada e sem forças. O pensamento de outra viagem é esmagador para mim. Digo para Lucy: "Você é minha família, mas eu não vou com você".

Capítulo 25

Por um tempo, ela para de falar comigo, e acho que não vou suportar isso. Sinto-me partida ao meio e excluída, embora tenha sido eu a dizer que estava fora.

Mas não dessa forma! Será que eu não tinha o direito de ter a amizade dela? O amor? *Depois de dez anos?* Ligo para DJ, o velho amigo dela, e imploro por informações sobre Lucy: como ela está, o que está pensando. Defendo meu caso: eu avisei a ela várias e várias vezes que chegaria um momento em que eu não conseguiria encher de novo o tanque da esperança e da credulidade. *Ela* é responsável por isso, não eu!

DJ acha que isso é bom para ela. Se ela tiver que me cortar de sua vida para melhorar, então é exatamente isso que deve fazer. Ele me diz que preciso encontrar uma forma de aceitar isso, tanto para minha própria sanidade mental quanto para a dela.

Ele parece incrivelmente certo do que está dizendo, mas eu consigo fazê-lo chorar.

Em desespero, vou a uma reunião do Al-Anon. É no segundo andar da reitoria de uma igreja, com ladrilhos verdes e brancos no chão e lâmpadas fluorescentes retangulares zunindo no teto. Há uma mesa com panfletos e brochuras, pego um marcador de livros que tem uma lista de "Faça" de um lado e "Não faça" do outro. Então me junto às doze ou mais pessoas que estão sentadas em um círculo no tipo de cadeiras que usávamos na escola, aquelas com um braço de madeira falsa do lado direito, para substituir a mesa.

Um cara de uns trinta anos lê algum tipo de procedimento de uma pasta surrada para começar a reunião: "Não cobramos taxas nem mensalidades, mas temos alguns gastos", então ele diz que chegou a hora da "qualificação". É confuso: fica claro que qualificação é um discurso, porque agora uma mulher chamada Mallory, que poderia ter vinte e nove ou cinquenta e dois anos, está nos contando sobre sua experiência de ter sido criada por uma mãe alcoólatra, que ela identifica como sua primeira "qualificadora". (Se alcoólatras são viciados em bebidas, parece claro que essas pessoas são viciadas em adaptar a palavra *qualificar*.) Mallory conta que foi criada para nunca falar sobre os próprios sentimentos, nunca expressar a "trindade sagrada da vergonha, da raiva e do medo".

Estou no lugar errado. Meus pais nunca beberam, e eu nunca *parei* de verbalizar meus sentimentos. Não tenho nada em comum com essas pessoas, e não gosto do estranho jargão que usam.

Olho no relógio. Estou ali faz cinco minutos, no máximo. Fico imaginando se há alguma maneira de achar alguém atraente no círculo das cadeiras escolares. (Não há.) Leio a lista no verso do marcador de livros.

NÃO FAÇA:

Não seja metido a santo.
Não tente dominar, importunar, repreender ou reclamar.
Não perca a paciência.
Não tente pressionar ninguém a não ser você mesmo.

Não mencione o passado.
Não controle o alcoólatra.
Não mergulhe na autopiedade
Não faça ameaças que não pretende cumprir.
Não seja superprotetor.
Não seja um capacho.

Que pena, penso, que essa não seja a lista do que se deve fazer, porque, se fosse, eu teria tirado dez.

Mallory tem sentido "muitos gatilhos" essa semana. Seu ex-marido — seu "segundo qualificador" — tem sido inconsistente nas negociações sobre quem deve passar as férias de inverno com a filha deles, e inconsistente é um dos "quatro Is". Os outros três são *irracional, isolado* e *incapaz de aceitar,* e aparentemente se um viciado apresenta rotineiramente esses "Is" significa que ele ou ela estão "ativos" (o que significa que estão "usando", que é o mesmo que dizer, como se fala nos Estados Unidos, *bebendo*). "E vocês sabem o que 'incapaz de aceitar' significa?" Mallory sorri como uma sabichona e faz uma pausa de efeito. "'Que eu nem sequer sei que estou mentindo'." Várias pessoas resmungam o reconhecimento.

Mallory sorri de forma ainda mais sábia e diz que "nas salas" ela aprendeu "a manter o foco em si mesma", e não ficar obcecada com as bebedeiras do ex-marido. Ela aprendeu a levar um dia de cada vez e ter fé que "onde quer que eu esteja hoje é exatamente onde deveria estar", e isso por causa de um "programa chamado Al-Anon".

Minha cabeça está prestes a explodir. Por que Mallory não diz apenas "Al-Anon"? Todos sabemos que se trata de "um programa"; nós estamos *aqui,* neste momento. Por que a expressão "nas salas", quando a descrição perfeitamente normal, "nas reuniões", já existe na nossa língua? Por que toda essa qualificação misteriosa e ridícula e por que a relutância em dizer "beber" quando todos estamos aqui por causa disso?

"Oi, eu sou o Jason e estou muito grato por estar aqui", diz um homem à minha esquerda que ainda está de sobretudo; provavelmente no horário de almoço do trabalho em algum escritório da região.

"Oi, Jason."

Jason agradece Mallory por sua qualificação e diz que admira sua serenidade e que consegue se identificar com a experiência dela. "A questão sobre ser incapaz de aceitar", diz ele, "é que é como dormir: você não sabe que está fazendo no momento em que está fazendo."

Há um resmungo exageradamente alto de reconhecimento como resposta, e fico perplexa ao perceber que eu sou a fonte. *Latas de cerveja entulhadas entre a pia e o aquecedor.* Por que pedi uma explicação quando as vi ali, em vez de apenas reconhecer aquilo pelo que de fato era: *uma prova*? É tão absurdo — engraçado, na verdade — pensar que eu sempre me preocupava que Lucy tivesse um tumor cerebral, alguma doença degenerativa, um problema de tireoide, uma deficiência de vitamina. Exatamente quão iludida eu precisava estar para viver com alguém, dormir com ela todas as noites e me convencer de que ela estava sóbria quando estava bebendo, usando, ou seja lá o que for, todos os dias?

Uma mulher mais jovem fala em seguida. Ela tem vinte e poucos anos, seu cabelo tem algumas mechas loiras malfeitas, ela usa uma saia com meia-calça e um suéter felpudo branco. Há um traço de sotaque da Europa Oriental em sua voz, mas é difícil localizá-lo porque ela cai no choro assim que começa a falar. Ela se mudou para cá com o namorado alguns anos atrás; no início tudo era maravilhoso, como nenhum lugar onde já tivesse morado. Agora, ela chega em casa do trabalho esperando ver o *namorado*, ansiosa pela companhia dele, mas, em vez disso, quem está esperando por ela é o *namorado bêbado*, e assim que percebe isso ela fica furiosa e, de alguma forma, chocada, mesmo sendo uma coisa tão frequente. Ele invariavelmente nega que bebeu: diz que se sente assediado e monitorado, que as acusações dela o fazem sentir vontade de beber, porque está ficando muito chateado com isso tudo.

Ela se preocupa que o namorado acabe perdendo o emprego. Ela sente falta da atenção dele. Tem esperanças de que as coisas vão mudar, e mudam por um tempo, mas então a *versão bêbada* aparece de novo, bem quando ela começa a esquecer que ele pode ficar assim.

"Eu não sou uma pessoa cruel", diz ela, enxugando os olhos com as costas da mão. Mas é cruel com o namorado quando acha que ele está de porre. Às vezes, ela o xinga, diz que ele é patético. (*Você é péssima,* disse eu. E me lembro da expressão no rosto de Lucy.) Ela se preocupa em não ser uma pessoa amável. Sente-se desnorteada e zangada e culpada, mas, acima de tudo, sente que está louca.

Quando ela termina, várias pessoas dizem "continue vindo" em uníssono. Mas é só isso. Não lhe dão conselhos nem reagem ao que ela acabou de dizer, mesmo que seu rosto esteja rosado, e a respiração, entrecortada.

"Estou grato por estar aqui", diz Gavin, um homem negro mais velho que está usando um suéter. Percebo que também estou grata por estar aqui. Estou grata por não estar gritando com a Lucy Sofisticada ou me sentindo uma pessoa ruim só por ter gritado com ela. Estou grata por não ser mais atormentada pela questão de estar louca ou estar certa. Estou grata por uma garota possivelmente eslava ter descrito algo que vivenciei — porque se isso é um padrão, se existe uma forma como alcoólatras do mundo inteiro se comportam, talvez não seja que Lucy não me amasse o suficiente para parar de beber. Talvez nada disso tenha sido escolha dela (o que é o mesmo que dizer que *não é realmente culpa dela*).

Gavin conta que está no programa há quase vinte anos; começou a vir depois que o irmão bebeu até morrer. Ele ficou destruído com a perda. Na primeira reunião da qual participou, alguém leu uma coisa que lhe deu um pouco de alívio: "Só por hoje, vou me ajustar e não tentar manipular a situação". Ele passou anos tentando convencer a família de que havia algo errado. Mas o irmão tinha partido, e ele não tinha como mudar isso, não importava o que fizesse ou falasse. Gavin abriu a mente para a possibilidade de que, na verdade, nunca tivesse importado. A situação, o problema do irmão com a bebida, a resposta dos pais, tudo aquilo estava fora do seu controle.

Penso em todo o tempo que passei atenta, preocupada, tentando decifrar o relacionamento da minha mãe com Marcus, o relacionamento de Lucy com a bebida. Nunca me ocorreu que ambas as situações fossem o que eram, fossem lá o que fossem, entendesse eu ou não. E certamente nunca passou pela minha cabeça que minha reação — minha angústia — fosse *minha*: algo que eu tinha percebido, não algo que eu precisava encontrar alguém para culpar.

Meu trabalho é interpretar e comunicar minha interpretação de forma persuasiva para outras pessoas. A ideia de que, na minha vida, diferente da minha carreira como escritora, o impulso de analisar e influenciar talvez fosse algo do qual valesse a pena abrir mão foi uma revelação para mim.

Capítulo 26

"Eu tinha dezessete anos quando fui convocado pelo exército", escreve John. "Fiquei um ano e meio e, então, consegui uma dispensa antecipada para ir para a faculdade de medicina (e por isso me tornei um médico, não um veterinário, que era o que eu de fato queria ser). Eu estava aos poucos percebendo que lutava do lado errado, então uma dispensa antecipada pareceu uma excelente ideia. O exército era extremamente entediante, de um jeito meio 'não mais um dia lindo pra caralho na África'. Quando não era entediante, estavam atirando em você, então entediante geralmente era melhor."

Sua lembrança favorita dessa época foi nadar com alguns crupiês no hotel Victoria Falls quando estava de licença. "Eu conhecia bem uma garota, ela nadava no time da Rodésia, e a outra garota era uma ruiva vibrante da Inglaterra. A nadadora e eu decidimos ir até a Ilha da Catarata, que fica bem no meio das Cataratas de Vitória... É espetacular, porque você pode ir e ficar na beirada e olhar direto para o precipício, com grandes volumes de água caindo dos dois lados. Para chegar à ilha, é preciso atravessar, nadando vigorosamente, uma parte chamada Catarata do Diabo. Infelizmente, a inglesa decidiu nos seguir. Estávamos no meio do caminho da travessia quando a ruiva começou a ser arrastada, não avançando mais, e seguindo direto para a borda da catarata. Nadei até ela e consegui arrastá-la até a ilha, mas foi por pouco. Foi *realmente* algo de deixar a pessoa de cabelo em pé: seus olhos estão no nível da água, então você não consegue enxergar o que está acontecendo, mas a água vai caindo cada vez mais rápido e com mais força, ficando cada vez mais barulhenta e turbulenta, e você só consegue sentir essa força incrivelmente colossal puxando você. E durante todo o tempo estou tentando decidir 'quando é que vou largar essa mulher e nadar para me salvar?'. Mas, como você bem pode imaginar, é uma decisão muito difícil de tomar e, felizmente, não precisei tomá-la."

Penso no romance de Norman Rush, *Mating*, e sua descrição de quando se aproxima das Cataratas de Vitória: "Bem antes de ver água, você se vê andando pelo vapor puro. O rugido penetra, e você para de pensar sem nem tentar". A protagonista da história, uma americana durona de trinta e poucos anos, é "tomada por uma imensa tristeza, vinda do nada", logo que vê as cataratas e começa a chorar desesperadamente. Trata-se de uma personagem forte, uma antiga candidata a um Ph.D. em antropologia que se isolou na África tentando fazer algo substancial e "sentindo-se sexualmente alerta". Nas cataratas, ela sente o impulso de se tornar "parte de algo magnífico e eterno, um mecanismo eterno", jogando-se na avalanche de água. "Comecei a me aproximar cada vez mais da beirada, quando o pensamento surgiu: se você tivesse um companheiro, permaneceria onde está." Essa revelação a desestabiliza. "Onde estava meu companheiro? Eu não tinha nenhum companheiro *et cetera*. Eu não tinha um companheiro de vida, mas por quê?"

Minha companheira se foi. Onde está a companheira do dr. John? Penso em como aquela mulher se vestiria e falaria, o que saberia e desejaria.

"Depois disso, as coisas ficaram cômicas", seu e-mail continua. "Um avião de vigilância tinha visto tudo isso acontecer e alertou o exército, então todo o batalhão, incluindo meu comandante, estava de pé nas margens de Zambezi assistindo enquanto retornávamos. A inglesa tinha perdido a parte de baixo do biquíni em algum momento (e, como mencionei antes, ela era uma ruiva *muito* vibrante), então me senti na obrigação de emprestar a ela minha sunga. Voltar envolvia seguir para o lado zambiano e caminhar pela margem do rio até mergulhar de novo e atravessar a nado. Então, lá estava eu, um soldado rodesiano branco, nu em pelo, acompanhando duas garotas no que era essencialmente o território inimigo, sendo observado pelo meu comandante pelo binóculo. Isso foi na noite anterior a um período de licença para mim, que foi cancelado como punição. Acabou sendo melhor, porque, na noite seguinte, um dos nossos pelotões caiu em uma emboscada, e houve vários feridos, então ter um médico extra por lá foi muito útil. O resto das minhas histórias de guerra são muito comuns e chatas. Bem, nenhuma delas envolve pelos pubianos ruivos, e eu sempre me perguntei: 'Qual é o propósito de uma história sem isso?'. Você já se perguntou também?"

Capítulo 27

Perceber-se solteira quando se está acostumada a ser casada pode ser como escorregar pelos fios do tecido da vida. Quando havia duas pessoas conectadas, vocês eram fortes o suficiente para se manter em suspenso, mas agora você vai cair e despencar do planeta sozinha. O risco é maior quando você está cercada por casais intactos e suas famílias. Se você está entre outros solteiros e sente que está começando a cair, sempre existe a possibilidade de se agarrar a outro ser humano solitário.

Um mês antes da previsão do parto, Emma se casa. A recepção é em um pequeno restaurante em Pasadena. Nós nos sentamos do lado de fora sob fios de luzinhas mágicas, o cheiro de jasmim penetrando a noite fria de janeiro. Felizmente, a festa é pequena — a maioria dos amigos de Emma veio sem marido nem filhos, então é como se o tempo tivesse voltado para a época em que todos éramos solteiros, quando todos estavam segurando uns aos outros. Tento não beber muito nem chorar.

Emma e eu sempre agimos como se eu fosse a ligeiramente mais estável entre as duas. Eu tinha mais facilidade de arrumar namorados na faculdade. Eu era mais estratégica e determinada em relação à minha carreira quando tínhamos vinte e poucos anos, e tentar descobrir como viver como adulta parecia exigir todos os recursos de Emma. Concordamos na narrativa de que ela era menos apta a obter o que queria do mundo.

Mas, agora, aqui está ela, grávida de oito meses, explodindo de vida em um vestido de renda branco. Sua beleza prende nosso olhar: seus doces dentes pequenos, sua pele clara e seu cabelo escuro e cacheado, as mãos femininas descansando na barriga enorme. Durante a cerimônia no templo, parecia um casamento não só entre Emma e o marido, mas entre eles dois e o filho. O rabino usou a expressão "vocês três" durante a cerimônia toda.

Sei que Emma se sente mal por entrar na maternidade sem mim — eu me senti mal por entrar no lesbianismo sem ela quando conheci minha primeira namorada. Não gostamos de não estar em sintonia.

"A gente se parece?", ela costumava perguntar para as pessoas quando estávamos na faculdade.

"Em um espectro de cabeças, até que vocês não ficam tão distantes", respondeu meu pai certa vez.

Uma garota em um bar em East Village nos perguntou "Qual de vocês duas criou a personalidade?", quando estávamos conversando com ela uma noite logo que nos mudamos para Nova York. Amamos isso.

A última vez que vi Emma antes do casamento foi em agosto, em uma praia em Massachusetts, quando estávamos no nosso primeiro trimestre. Sua mãe, Margaret, tem uma cocheira em uma vila baleeira do século XVIII, na qual as casas têm plaquinhas ao lado da porta indicando o ano da construção e a profissão dos primeiros habitantes: marinheiro, destilador, cavalheiro. Nós nos encontramos lá como fazíamos todos os verões desde a faculdade. Pela manhã, saímos para uma caminhada pelos campos floridos. À tarde, dirigimos até a praia, ambas inchadas em nossas roupas de banho. Falamos sobre nomes, é claro, mas também sobre feriados, aniversários, quando ela viria para Nova York e quando eu faria uma visita a ela em Los Angeles, se nossos bebês acabariam tendo nossos cabelos, que eram iguais: enrolados como o pelo de ovelha.

Seríamos a madrinha do filho da outra e os criaríamos como se fossem primos. Conversamos sobre como seria no verão seguinte, sentadas com eles em um cobertor e colocando seus pezinhos na água.

A casa da minha mãe em Cape Cod não fica muito longe dali. Ela foi jantar lá naquela noite e trouxe um pedaço de tecido amarelo em um formato estranho que tinha feito para Emma usar como babador. Embora Margaret tenha um sotaque da África do Sul, e minha mãe tenha uma pronúncia vagamente do Meio-Oeste, palavras de iídiche permeiam o discurso de ambas. Elas têm o mesmo tamanho e formato (baixas com cabelos grisalhos) e usam camisas largas e sandálias confortáveis. Observei enquanto as duas preparavam o jantar. Era fácil imaginar nossas mães com roupas diferentes, em uma geração anterior, fazendo as mesmas coisas em algum lugar na Europa Oriental. Em um espectro de cabeças, não ficamos tão distantes.

No casamento de Emma, enquanto comemos juntas uma fatia de bolo depois do meu brinde, ela pergunta: "Você me odeia por eu estar grávida?". E digo a verdade para ela. Eu sinto que o filho dela, de um jeito um pouco menor, mas crucial, será meu também.

Mais tarde naquela noite, os pais de Emma e eu nos acomodamos em um sofá olhando para um mapa da África do Sul no computador. Damos um zoom em uma rua da Cidade do Cabo cujo nome é uma homenagem à tia de Margaret, Helen Suzman, a única mulher que fez parte do Parlamento Africano na sua época e que, por treze anos, foi a única a se opor ao *apartheid*. (P. W. Botha a chamava de "gata depravada".) O pai de Emma, Erroll, aponta para a praia de Muizenberg — "Jewsenberg", como as pessoas costumavam chamá-la, conta ele, que ficava nos arredores da cidade, foi onde aprendeu a surfar. E não muito longe de lá encontramos Sir Lowry's Pass, onde os cavalos do dr. John o esperam aos pés da cordilheira Hottentots Holland. "É uma parte muito legal do mundo", diz Margaret, com aquele sotaque acentuado e familiar que fiquei tão surpresa e aliviada de ouvir em uma clínica na Mongólia alguns meses antes. Olhamos para as imagens da região na internet, e vejo penhascos verdejantes erguendo-se do mar. Imagino como seria cavalgar por entre essas montanhas, segurar o animal com as coxas e não ter escolha a não ser se segurar e ter esperanças.

"A primeira vez que eu de fato tive a chance de montar um cavalo foi quando eu tinha uns seis anos", escreveu John naquela manhã. "Estávamos passando um feriado no litoral em Transkei em um resort meio decadente e isolado. Havia uma forte cultura local equestre, principalmente para ajudar na passagem de gado pelas estradas de terra. O resort tinha alguns pôneis velhos, zangados e aposentados, e alguns arreios velhos. Eu costumava arrastar meu irmão Greg até lá duas ou três vezes por dia; colocávamos a sela e saíamos a cavalo; se eu não o encontrasse, ia sem ele e ficava na cocheira sozinho. Certa manhã cheguei lá e, quando balancei a cerca, eles decidiram, como um grupo, vir na minha direção em vez do contrário. Foi a primeira vez em que me lembro de realmente ficar feliz depois que minha mãe morreu. Uma velha égua se aproximou o suficiente para soltar um sopro de ar quente pelas enormes narinas direto no meu rosto. Eu comecei a chorar. 'Olhe-a nos olhos e sopre sua alma no nariz dela', disse-me um cavalariço xhosa depois. Eu faço isso com todos os cavalos que conheço depois disso."

Ele tem três agora: uma velha égua, uma potra branca e magra, e seu favorito, um cavalo castrado castanho. "A cavalgada por Sir Lowry's Pass é ótima, há quilômetros de trilhas pelos vinhedos locais e oliveiras. Se um dia você for à Cidade do Cabo, posso ensiná-la a montar. Você vai amar."

Embora Margaret e Erroll tenham crescido em círculos sociais comuns na comunidade judaica de Joanesburgo, embora ambos tivessem ouvido falar um do outro e conhecessem membros da família do outro, eles não começaram a namorar até seus caminhos se cruzarem nos Estados Unidos. Nós nos maravilhamos com as formas inesperadas como as pessoas se encontram.

Capítulo 28

Quando ouço que alguém tem câncer de pulmão, a pergunta *"ele fumava?"* vem à minha mente no meio das sílabas *cân* e *cer.* Obviamente eu não dizia isso em voz alta, mas gostaria de saber, porque quero acreditar que se meus entes queridos e eu nos abstivermos de fumar seremos inelegíveis para câncer de pulmão (e idealmente, para todos os outros tipos).

"Eles já descobriram o que aconteceu com você?", as pessoas continuam me perguntando sobre meu fracasso médico.

"Já", respondo. "Foi falta de sorte."

Mas não é isso que querem ouvir. Elas querem ouvir que meu obstetra não era bom. Ou que tomei alguma coisa que não deveria ter tomado ou não tomei algo que deveria ter tomado. Elas querem ouvir que deixei de fazer alguma ultrassonografia. Ou que eu tinha algum tipo de doença sanguínea rara que poderia ser corrigida com o remédio certo, uma cirurgia ou um aplicativo para iPhone. Elas querem saber o que precisam comer para não serem como eu.

E já que eu de fato *fiz* algo que parece ruim, as pessoas — mesmo as que realmente me amam — insistem em dizer coisas do tipo: "Da próxima vez, você não vai fazer nenhuma viagem de avião". Não importa que eu diga a elas que todos os médicos que consultei afirmaram categoricamente que não havia nenhum problema em fazer uma viagem de avião com cinco meses de gestação. Elas querem acreditar que tudo acontece por um motivo.

Algumas pessoas precisam disso para se proteger — do aborto espontâneo ou da falta de sorte em geral. Algumas pessoas precisam acreditar nisso para poderem dizer "Você vai engravidar de novo e tudo vai ficar bem", porque querem me dar algum conforto.

Mas, estranhamente, eu *sou* reconfortada pela verdade. A morte chega para todos nós. Você pode ganhar dez minutos na Terra ou oitenta anos, mas ninguém escapa vivo. Aceitar essa regra me dá uma centelha engraçada de paz.

Quando eu tinha trinta e poucos anos, escrevi o perfil de Maureen Dowd. Ela era a única colunista mulher do *The New York Times* na época e tinha sido a segunda mulher a ser correspondente da Casa Branca na história do jornal. Ela tinha começado a carreira como assistente editorial em 1974, o ano em que eu nasci, e estava com cinquenta e três anos, tinha um Pulitzer, era linda e morava sozinha. Eu me lembro de me sentar na sala de estar muito bem decorada da sua casa de tijolos aparentes em Georgetown — as paredes eram de um tom de vermelho-sangue, as prateleiras de livros eram coroadas com leques de pena, capas antigas de discos de Nancy Sinatra, uma coleção de abajures de bolhas, outra de sereias, mais de dez coqueteleiras *vintage*, todos os tipos de tigres de brinquedo — e me sentir intoxicada com sua peculiaridade, independência e seu sucesso.

Perguntei se ela tinha desejado ter filhos. Ela respondeu: "Ninguém consegue tudo".

Pareceu-me deprimente na época, uma declaração de fracasso. Agora, admitir isso parece o trabalho óbvio e essencial de se tornar um adulto. Ninguém consegue tudo: tão natural e inevitável quanto a mortalidade.

Capítulo 29

Uma fantasia: encontro uma história na África do Sul. Algo fantástico, que minha mente quer digerir. (Tenho lido sobre Julius Malema, o antigo líder da Liga da Juventude do Congresso Nacional Africano, que se inseriu no fracasso de Caster Semenya. Ele acabou de ser afastado pelo presidente Jacob Zuma, que fora seu mentor, mas Malema ainda tem muito apoio nas cidades e está prestes a ir a julgamento por lavagem de dinheiro...) Na minha fantasia, eu voo para a Cidade do Cabo, e Zerihun me recebe no aeroporto. Ficamos felizes de nos ver, animados com a reativação da nossa improvável aliança. Dessa vez, tenho muitos contatos. Estamos trabalhando.

Mas, na verdade, estou em dois trabalhos. Dr. John e eu planejamos nos encontrar — em algum lugar simples, com guardanapos de papel. Quando nos encontramos é excitante, mas confortável; as palavras saem da nossa boca exatamente como fluíam de nossos dedos no teclado do computador. Estamos ligados, unidos. Na minha imaginação, o riso sai fácil, mesmo ele sendo irônico e velho e intenso, e eu, judia e comum e (um pouco) mais jovem. De alguma forma, eu me sinto adorável. Não sou desajeitada nem estou pingando. Não sinto lágrimas se acumulando nos seios da face. Aos seus olhos (e, dessa forma, aos meus), ainda existe uma luz reluzente dentro de mim, não estou morta por dentro e não mato o que está dentro de mim. O passado é um prelúdio, e agora estamos deixando o restaurante, e a neblina está seguindo em direção ao Oceano Antártico. Quando ele me beija, parece natural, inevitável. Não parece um estranho pousando os lábios nos meus. Ele não tem gosto de velho, nem de homem, nem de estranho.

Vou ver a casa dele, e é exatamente como ele descreveu nos e-mails: "Mantenho os arreios e as selas nos pinos de madeira presos à parede, e em geral há uma prancha de surfe apoiada em um canto e uma roupa de mergulho pendurada no chuveiro. Quando adicionei um *loft* de madeira como quarto, eu me esqueci de deixar espaço para a escada; agora tenho o que é essencialmente uma escada de mão em um dos lados. Galinhas se empoleiram na chaminé e voltam para o galinheiro manchadas de cinza". É um lar, mas um lar selvagem, feliz, peculiar — como a vila de Pippi Meialonga, com um cavalo na varanda em um jardim com mato alto na beira da cidade, onde ele "ficava parado esperando por ela".

E agora o quê?

Eu me mudo para a África do Sul? Ele me ensina a andar a cavalo e eu tenho um filho com ele? Eu me torno uma correspondente internacional! Começo uma vida totalmente nova, uma vida que nunca imaginei. Ou é isso ou estou isolada e sofrendo, destruí minha carreira e passo os dias colhendo ovos de galinha.

Uma fantasia diferente: vou para a Cidade do Cabo. Não é como eu me lembro. É só um lugar, não um estado de espírito. Estou em pânico e agitada. Choro sem aviso e, quando começo, não consigo mais parar. Não tenho certeza de que a minha história vai dar certo. Agora perdi meus poderes nesse departamento também.

Dr. John e eu fazemos planos para nos encontrar. Mas nessa fantasia eu chego ao restaurante e acho o lugar intimidador e confuso; não sei se devo esperar para me sentar e não consigo chamar a atenção de ninguém. Estou com medo de estar sendo grosseira, agindo errado, como uma americana. Quando John chega, ele é um estranho. Eu não o conheço e não gosto dele, ou pior: percebo que ele não gosta de mim. Nossa conversa é artificial. Eu sei (e ele suspeita) que fiz toda essa viagem até ali para um encontro que não valia a pena, e a história não vale a pena ser contada, pelo menos não por mim. Estou sendo ridícula. Minha lista de perdas continua.

Mesmo assim. "Eu nunca vi as grandes migrações. Eu tenho um Land Rover bem velho desde 1986 (quando eu o comprei ele já era velho). Meu sonho era seguir para o norte, cruzando a África — da Cidade do Cabo até o Cairo, ou alguma versão épica disso. Não que fosse muito confiável; eu insisto em fazer todos os consertos mecânicos, e isso é tão enfaticamente uma péssima ideia. Mas um carro quebrado pode ser um prêmio. Zen e a arte de... esse tipo de coisa."

Aqui está uma terceira fantasia: eu vou. Minha história é real, e acredito na minha capacidade de contá-la bem. Eu me encontro com ele, mas não é um encontro amoroso. Nós nos tornamos amigos — eu percebo que já somos. Ele é o meu exemplo; passo a depender de seus conselhos. Ele é como um irmão mais velho, como Neil Reardon ou meu editor John Homans (mas com cabelo grisalho e olhos azuis e histórias sobre andar a cavalo para trabalhar em Transkei e fazer cesarianas à luz de velas). Continuamos em contato depois que termino minha história e volto para casa.

Somos estranhamente importantes um para o outro pelo resto da vida. Nessa fantasia, ele vem me visitar em Nova York de vez em quando. Alguns anos depois do nosso primeiro encontro, vou com ele da Cidade do Cabo para o Cairo em seu Land Rover. Meu filho vai também.

Capítulo 30

Alguma coisa está acontecendo, algo muito pequeno e muito novo está se atiçando dentro de mim. É um broto de uma rendição que parece, de alguma forma, indistinguível da segurança. Não está surgindo de um plano. Pela primeira vez na vida, não tenho nenhum plano.

Eu quero que isso cresça. Quero que me domine, como uma grande vinha engolindo uma árvore moribunda.

Também *quero meu filho*.

Quero sentir sua boca em meu peito. Quero ensinar a ele o nome de todas as plantas: *alcea, hortelã, alquemila, cimicífuga*. Quero vê-lo no colo do pai e nos braços da minha mãe. Eu nunca mais vou viver um dia sequer sem sentir falta dele. Quero meu filho. Mas não posso tê-lo.

Por Lucy, sinto mais carinho e intensidade do que cabe no meu peito. Ela é como família, como se fosse sangue do meu sangue. Não quero ficar sem ela nesta vida. Mas nosso casamento acabou. Lentamente, vamos nos tornar outra coisa uma para a outra.

Não quero desistir da minha casa, do jardim onde me lembro de plantar todas as flores, do círculo de pedras que marca o túmulo de Paolo, onde ele está em um eterno abraço com seu coelhinho. Mas ela não é minha.

Eu quero ser fértil. Não quero expirar nunca.

Mas a morte chega para todos nós.

O que fazer primeiro? O que mais? O que vem em seguida?

Enquanto tudo está ruindo, o que permaneceu intacto foi algo que sempre tive, aquilo que me tornou escritora: curiosidade. Esperança.

Capítulo 31

Na noite anterior à minha partida, a África estava dourada e pulsante na minha mente.

Tirei as meias de lã e a calça de grávida da mala, que eu tinha enfiado embaixo da cama quando voltei da Mongólia. Coloquei na mala botas de caminhada, um biquíni, meu blazer azul para entrevistas, uma pilha de blocos de anotação e o mapa gasto da Cidade do Cabo que eu ainda guardava em uma gaveta com meu passaporte, um adaptador de tomada e algumas rúpias perdidas.

Liguei, ansiosa, para minha mãe na manhã seguinte, quando já estava no aeroporto. Ela disse: "Entre no avião. Vai ficar tudo bem".

Talvez. Talvez eu conseguisse uma ótima história nessa viagem — a melhor que já escrevi. Talvez não. Talvez eu me apaixonasse de novo, e ainda conseguisse ser mãe. Ou talvez fosse tarde demais, e eu já tivesse escolhido, de forma inadvertida e cada vez mais, ser outra coisa. Na escrita, você sempre pode mudar o final ou apagar um capítulo que não está funcionando. A vida não coopera; é imparcial e incontestável.

Chorei só uma vez durante o voo de vinte e uma horas. Eu olhava para a lua pela janela e pensava na última longa viagem que fiz atravessando os céus e na pessoa que foi comigo e não voltou. Por um tempo, foi tão venenoso e lancinante como tem sido desde o dia em que aconteceu, tão intolerável quanto: um crime contra a natureza. Então, o luto voltou a adormecer no meu corpo. E de novo era a própria natureza.

Natureza. Mãe Natureza. Ela é livre para fazer o que quiser.

Agradecimentos

Por sua generosidade e bondade, agradeço a Jonathan Adler, Mark Alhadeff, Anne Banchoff, Jesse Blockton, Erica Malm Cooley, Jackson Cox, Simon Doonan, Benjamin Dreyer, Lauren Engel, Esther Fein, Daphne Fitzpatrick, Malcolm Gladwell, Erica Gonzalez, Alicia Gordon, Jenny Grant, Adam Green, Vanessa Grigoriadis, Cate Hartley, Julia Hine, Matt Hyams, London King, David Klagsbrun, Eric Konigsberg, Liz Lange, Shelly Levin, Robert Levy, Siobhan Liddell, Kate Medina, Deborah Needleman, Ed Pas, Beth Pearson, Anna Pitoniak, David Remnick, Meredith Rollins, Maer Roshan, Deb Schwartz, David Shapiro, Eric Simonoff, Annie Smith, Rene Steinke, Neil Tardio, Christine e Chuck Teggatz, Ahna Tessler, Jennie Thompson, Liz Thompson, Jacob Weisberg, David Zelman, Diana Zock, e Elisa Zonana. Gostaria de agradecer especialmente ao meu amigo Nick Trautwein.

Este livro, composto na fonte Fairfield,
foi impresso em papel Avena 80 g/m², na Edigráfica.
Rio de Janeiro, abril de 2018.